R 10051

1698

Lelevel, Henri

*La philosophie moderne par demandes
et par réponses... avec un traité de l'art
de persuader*

Tome 1

janvier

R 1901.

10051

LA PHILOSOPHIE MODERNE,

Par Demandes & Réponses ;

Contenant la Logique, la Métaphysique, la Morale, & la Physique,

Avec un Traité de l'Art de Persuader.

PAR M. DE LELEVEL,

TOME PREMIER.

A TOULOUSE,

Chez GUILLAUME-LOUIS COLOMYEZ, Imprimeur du Roy & de la Cour, Juré de l'Université de Toulouse.

AVEC PRIVILEGE DU ROY.
M. DC. XCVIII.

A MONSEIGNEUR
MONSEIGNEUR
LE DUC
DE NOAILLES,
PAIR ET MARÉCHAL de France, Chevalier, Commandeur des Ordres du Roy, Premier Capitaine des Gardes du Corps de Sa Majesté, Gouverneur du Roussillon, &c.

ONSEIGNEUR,

Voicy une Philosophie qui n'a pour but que l'honneur de la Religion : Elle combat les illusions de l'Esprit humain, & elle raporte

tout à l'éternelle verité. Je ne pouvois donc mieux faire que de vous l'adresser à vous, MONSEIGNEUR, qui dans l'éclat de la plus haute Fortune cherchez uniquement les vrais biens. Tout le monde le sçait assez, ce n'est point l'ambition qui vous a élevé au rang que vous tenez dans le monde, c'est vôtre zele pour la Patrie, c'est une fidélité inviolable au service de vôtre Roy, caractere particulier de vôtre illustre Maison, & qui a distingué vos Encêtres aussi bien que vous, de ceux mêmes qui se sont le plus distinguez en ce point, c'est vôtre valeur, c'est vôtre amour pour la Justice, c'est vôtre modestie, c'est cette tendre & édifiante pieté qui se fait sentir par tout où l'on vous trouve. Il ne se pouvoit, MONSEIGNEUR, qu'un Monarque d'un aussi grand discernement qu'est le nôtre, & avec des insentions aussi pures que sont les siennes, ne vous comblât de ses faveurs les plus éclatantes; mais, MONSEIGNEUR, vous poussez vos vûës plus loin. Vous vivez dans les Grandeurs, parce que la Providence vous y appelle; mais la celeste Patrie est l'objet de tous vos travaux & de vos vœux. Vous avez voulu cent fois à la tête des Armées vous sacrifier pour l'Etat; mais c'étoit uniquement dans le desir de contribuër à la gloire du Tres-Haut. Vous êtes infatigable pour tout ce qui regarde le bien de la societé civile; mais c'est uniquement pour preparer vos Freres en JESUS-CHRIST à la grande & éternelle Societé où vous devez vivre avec eux. Aprés cela, MONSEIGNEUR, j'ay dû mettre ma Philosophie à vos pieds: Elle ne peut être soumise à personne qui puisse mieux juger que vous de tout ce qu'elle contient:

La capacité, l'étendüe, & la penetration de vôtre Esprit sont également connuës; & j'ay eu une joye tres-sensible de pouvoir par cette voye aprendre à tout le monde que je suis avec le plus profond respect,

MONSEIGNEUR;

Vôtre tres-humble & tres-obëissant serviteur.

H. LELEVEL.

AVERTISSEMENT.

ENFIN la Philosophie Moderne a vaincu l'envie : personne n'ose plus l'ataquer, & il n'y a point de païs où l'on ne reconnoisse qu'elle est aussi ancienne que la Raison. Il est sit juste de seconder le desir que chacun a de l'apprendre, & de luy donner une forme qui la rendit aussi aimable, qu'elle est utile à toutes sortes de personnes. La voicy ce me semble, telle qu'on la pouvoit souhaiter, sans apareil inutile, sans discours superflus, sans obscurité, sans embarras, en petit Volume, par Demandes & Reponses, selon que les idées qui en sont le fondement se developent à l'Esprit. C'est une maniere que les anciens Philosophes ont tentée quelquefois, mais qui est propre à la Philosophie Moderne, où toutes les veritez sont liées les unes aux autres, ce qui en fait toûjours demander de nouvelles à mesure qu'on en decouvre. C'est aussi un moien pour dire beaucoup de choses en peu de mots,

AVERTISSEMENT.

& ne laisser rien à desirer sur le sujet qu'on traite. Le Lecteur en jugera.

Ainsi, cet Ouvrage est pour toutes sortes de personnes, sans distinction d'âge ni de sexe ; il tend à faire voir le vrai usage de la Raison, qui est le bien de tout le monde : il ne supose rien : il est proportionné à tous : les enfans mêmes y trouveront entrée, & s'y exerceront agreablement, pour peu qu'on sçache les conduire. Je sçai que bien des gens s'érigent en censeurs de ces femmes qui veulent sçavoir plus que coudre & filer ; mais elles seroient bien foibles, si les armes que le mauvais goût d'un Comedien a fournies contre elles, leur faisoient quelque impression. La connoissance de soi même n'est pas moins necessaire aux femmes qu'aux hommes : rien même n'est plus compatible avec le soin des affaires domestiques : & comme cette connoissance depend de la distinction de l'ame & du corps, du discernement de nos idées & de nos sensations, de la vuë claire des raports que nous avons à la puissance qui nous a créez, & aux objets qui nous environnent ; il est certain

AVERTISSEMENT.

aussi que l'étude de la Philosophie qui comprend toutes ces choses, est indispensable dans tous les tems où l'on n'est pas apellé à l'action d'où depend le bien de la societé humaine. J'ai lieu de croire que plus on sera capable de reflexion & amateur de la verité, plus on prendra de plaisir à voir les matieres les plus importantes & les plus sublimes dans le jour où j'ay taché de les mettre.

On trouvera icy les quatre parties qu'on demande communément : la Logique, la Métaphysique, la Morale, la Physique ; & même une cinquiéme partie qu'on ne s'est point encore avisé de demander, & qui pourtant a sa place dans la Philosophie ; c'est l'art de persuader, qui visiblement est une dépendance de l'art de penser.

La Logique ne ressemble en rien aux Logiques ordinaires : tous les termes barbares en sont bannis ; & au lieu d'entrer dans de vaines disputes, je commence par decouvrir ce qui nous rend raisonnab'es, le principe de nos erreurs, les moiens d'y remedier, les sources de toutes les sciences,

AVERTISSEMENT.

& consequemment leurs usages & ce qu'elles ont de fort ou de foible. La seule chose que nous ayons à craindre dans nos raisonnemens, c'est le prejugé. On raisonne toûjours bien, quand le prejugé ne s'en mêle pas. Ainsi, c'est precisément le prejugé que j'ataque. Il est fort inutile à ceux qui etudient pour se perfectionner l'esprit, d'aprendre les subtilitez des Logiciens : elles ne donnent de l'esprit, dit un ancien Auteur, * que dans la dispute : quand il s'agit de quelque chose d'important, elles laissent leur homme au depourvû. *Reperias quosdam in disputando mirè callidos, cum ab illâ cavillatione discesserint, non magis sufficere in aliquo graviore actu, quam parva quædam animalia quæ in angustiis mobilia campo deprehenduntur.* Si quelqu'un neanmoins souhaite ce que j'ay negligé comme inutile pour mon dessein & pour sa perfection, il pourra lire dans plusieurs Auteurs ce que je n'aurois fait que repeter.

Dans la Metaphysique, je considere

---

* *Quintil. lib. 12. cap. 2.*

AVERTISSEMENT.

les trois substances qui nous sont connuës, Dieu, l'Ame, & le Corps. Mais je commence par l'ame, d'autant que c'est celle que nous connoissons la premiere, le Corps vient aprés, & ensuite l'Etre, dont la volonté fait l'union de ces deux substances. On découvre sa Providence dans les loix de cette union, & dans tout ce qui se passe dans les Corps & dans les Esprits; mais principalement dans la reparation d'une nature aussi corrompuë qu'est la nôtre. Je ne m'amuse point à prouver par syllogismes l'immortalité de l'ame; la seule idée de l'étenduë comparée avec la pensée nous la decouvre. Je ne m'arrête pas davantage à prouver qu'il y a un Dieu: outre que l'infinité de nos idées en est la preuve invincible, tout ce que nous faisons, tout ce que nous voions, tout ce que nous sentons le prouve. L'une & l'autre question sont prouvées d'un bout à l'autre de l'Ouvrage. Ne pas sentir les démonstrations qui s'en presentent à tous momens, c'est ne pas voir les objets les plus exposez à ses yeux: c'est être étourdi par la violence des passions,

AVERTISSEMENT.

Pour voir ces veritez particulieres, il ne faut que rentrer en soi même, loin du tumulte des sens & de l'imagination: c'est là que la verité universelle parle à l'esprit. Il est vrai pourtant que nous avons besoin les uns des autres pour la connoître ; mais comme c'est être superbe, que de n'écouter que soi même, c'est aussi être faussement humble, que de croire des hommes sur leur parole. L'homme n'est point la verité, il n'est au contraire que mensonge & erreur ; mais en rentrant en lui même pour comparer ce qu'il a reçû par les sens, ou ce que les sens mêmes luy ont apris, avec ce que la raison luy dit, il trouve la verité. Ainsi, je ne demande point qu'on croie rien de ce que je dis, qu'autant qu'on y sera forcé par l'évidence, ou par les reproches de la raison.

La Morale suit la Metaphysique, parce que comme l'une renferme les principes qui decouvrent à l'homme ce qu'il est, l'autre renferme les conséquences de ces principes. Je traite donc de l'homme dans cette troisiéme partie ; de ses inclinations, de la liberté

AVERTISSEMEMT.

telle qu'elle eſt en luy depuis ſa corruption, & de la grace d'où depend ſon retabliſſement.

De là je deſcens dans les devoirs. Ceux envers Dieu qui conſiſtent dans le culte interieur & exterieur, ſe reglent ſur les atributs divins. Ceux envers le prochain ſe tirent de la commune deſtination des hommes, de l'état où ils ſe trouvent à preſent, & de celuy où ils ſeront dans l'éternité. Sur cette idée j'ay eſté obligé de faire voir l'origine des ſocietez, l'uſage de la ſouveraineté temporelle, & les moiens qui nous reſtent, pour nous remettre ſur les voies de la juſtice & du bonheur. Nos devoirs envers nous mêmes ſe reglent ſur nôtre impuiſſance & nos foibleſſes infinies : ils ſe reduiſent à nous perfectionner l'eſprit par la recherche des veritez eſſentielles, & à nous regler le cœur par la priere, & la privation des plaiſirs ſenſibles. Si l'on veut lire en même tems *le Diſcernement de la vraie & de la fauſſe Morale*, imprimé à Paris, chez Delaune, & la *Refutation de la Philoſophie de Regis*, imprimée à Roterdam, & qui

AVERTISSEMENT.

se vend à Lyon, chez Plaignard, on aura, si je ne me trompe, ce qui est necessaire pour l'éclaircissement des veritez de la Metaphysique & de la Morale.

Quoyque la Physique soit un champ vaste, je m'y suis moins étendu que dans les deux parties precedentes. J'ay crû qu'on n'exigeroit pas de moi, des détails qu'on peut trouver ailleurs quand on voudra, & qui suposent tant d'experiences & d'observations particulieres, que je ne sçay si on éclaircira jamais bien cette science. Je me suis contenté de decouvrir les proprietez de l'étenduë, qui est l'objet des Physiciens, & de faire voir qu'il ne faut que des figures & du mouvement dans de l'étenduë, pour former un monde tel dans toutes ses parties, que celuy que nous habitons. De là je suis venu au *petit monde*, qui est le corps humain. Je l'ay suivi dans sa formation & dans son progrez: j'ay decouvert le principe de ses mouvemens, de ses infirmitez, de ses habitudes, & des foiblesses que l'esprit contracte par luy, avec la cause des

AVERTISSEMENT.

diverses impressions que le même esprit reçoit par luy des objets extérieurs. En un mot j'en ai dit assez pour ceux qui se contentent de ce qu'il y a d'essentiel dans la Physique; ou qui demandent seulement qu'on leur ouvre la carriere pour s'y exercer, & reconnoître la bonté, la sagesse & la puissance du Createur dans tous les effets naturels.

Je n'ay pas dû aussi dans la cinquiéme partie, où je traite de l'Eloquence, entrer dans les formules des Rheteurs. J'ay suposé qu'on sçavoit ce qui se debite dans les Colleges, ou du moins qu'on pouvoit bien l'aprendre sans moi. Je n'ai voulu que faire voir le raport de la Rhetorique à la Philosophie, soit dans le sujet dont on traite, soit dans les preuves, soit dans les portraits, soit dans les figures ou dans les termes.

Je n'ay maintenant qu'une chose à demander, c'est qu'on ne detache aucune de mes reponses, de celles qui suivent ou qui precedent. Puisque je n'ay pû expliquer les choses que l'une aprés l'autre, il est juste qu'on lise &

AVERTISSEMENT.

qu'on examine tout avant que de juger. C'est pourquoi il seroit à propos de lire une fois cet Ouvrage sans le critiquer, & de remettre la critique à une seconde lecture. Aprés cela, je ne trouveray point mauvais qu'on me reprenne dans les endroits où je meriteray d'être repris.

Plût à Dieu que les hommes, dans la corruption où ils sont aujourd'huy, n'eussent pas plus d'interét à rejetter les veritez de la Metaphysique & de la Morale, que celles de l'Arithmetique & de la Géométrie, peut-être aurois je la consolation de voir, que la meilleure partie de ma Philosophie seroit reçuë comme des propositions démontrées. Je ne pretends point prevenir le Lecteur sur la solidité de mes sentimens; mais qu'il souffre que je lui demande l'atention necessaire pour les rejetter ou les admettre.

TABLE
DES CHAPITRES
du premier Tome de la Philosophie Ancienne & Moderne, par Demandes & Réponses.

LA LOGIQUE.

CHAPITRE PREMIER.

Ce que c'est que la Philosophie, & ce que ce n'est pas. Comment nous sommes raisonnables. Source de tous les maux de la vie. Usage des Sens & de la Raison. pag. 1

Chap. II. *L'exercice du bons sens. En vain on opose la Foi à la Raison. Voie naturelle de la vérité.* 12

Chap. III. *Source des préjugez. Erreurs des sens. Les éfets de l'imagination. Remède général à nos foiblesses.* 22

Chap. IV. *Inutilité des Logiques ordinaires. Toute la Philosophie dépend des idées distinctes. Diférence*

TABLE

entre connoître & sentir. pag. 35

Chap. V. *L'origine des Sciences & des Arts. Leur usage. Leur progrés. Leur fin.* 47

Chap. VI. *Confusion dans les Sciences par les préjugez. Amour propre, Vanité, principes des inventions humaines.* 63

Chap. VII. *Science d'Adam. Progrés de la corruption. Mauvais éfet de la Philosophie Païenne.* 72.

LA METAPHYSIQUE.

CHAPITRE PREMIER.

Comment nous connoissons nôtre ame. Diference de l'idée claire, & du sentiment intérieur. Nos manieres de connoître sont proportionnées à nôtre état. 79

Chap. II. *Region des Esprits. Comment l'ame est unie au corps. Etat des ames aprés la mort.* 87

Chap. III. *Objet immediat de l'ame. Sources des ténèbres de l'entendement, & du déréglement de la volonté. Comment le désordre se transmet.* 101

DES CHAPITRES.

Chap. IV. *L'Ame n'est point sans perception. Loix selon lesquelles Dieu agit dans les corps & dans les esprits. Impuissance de l'ame & du corps.* 116

Chap. V. *Le Modéle de la maniere. Sa réalité ne dépend point de l'existance des corps. Il les représente tous selon toute leur méchanique.* 124

Chap. VI. *Les animaux n'ont point d'ame sensible. Raisons des préjugez volontaire & involontaire où l'on est à cet égard. Terme de la nature corporelle.* 138

Chap. VII. *L'idée que nous avons de l'Infini est la preuve de son existance. Diverses manieres dont il se découvre à nous.* 148

Chap. VIII. *Nous ne pouvons dire ce que c'est que l'Infini: Nous concevons ses perfections & nous n'en comprenons aucune.* 155

Chap. IX. *Différence infinie entre le monde & l'Infini. Le monde tel qu'il est exprime les perfections de l'Infini.* 162

Chap. X. *Toutes les veritez sont renfermées dans l'Infini. Elles ne dépendent point de la volonté de Dieu.* 172

Chap. XI. *Loy inviolable de toutes les intelligences. Vanitez équivoques touchant ce qu'on appelle raison. Corruption étrange.* 180

Chap. XII. *Nous ne voyons les objets sensibles ni en eux-mêmes, ni en nous-mêmes, ni en quoy que ce soit de créé.* 190

Chap. XIII. *Comment Dieu nous découvre les objets corporels. Ordre des sensations. Différence du monde matériel & du monde intelligible.* 203

Chap. XIV. *Manieres d'apercevoir. Commerce contagieux de l'imagination. Source de l'Esprit du monde. Sa vanité.* 217

TABLE DES CHAP.

Chap XV. *Causes generales de differens personnages de la vie humaine*, &c. 229

Chap. XVI. *Comment Dieu connoit l'existance & les modalitez des corps. Solution des difficultez qu'on a sur cette matiere.* 244

Chap. XVII. *Dieu fait tant dans le corps & dans l'esprit.* 260

Chap. XVIII. *Comment Dieu agit. Ordre de sa Providence dans l'arrangement des corps.* 270

Chap. XIX. *Ordre de la Providence dans les raports du corps à l'ame, & de l'ame au corps.* 282

Chap. XX. *La Providence dans les loix de l'union de l'Ame avec la Raison universelle. Usages de toutes les créatures.* 296

Chap. XXI. *Ordre de la Providence dans la reparation de la Nature. Comment la Créature a accès à Dieu.* 311

Chap. XXII. *Le choix du Reparateur. Ses dispositions. Son Ministere perpetuel.* 321

Chap. XXIII. *Le Ministere des Anges : leur maniere d'agir, leurs connoissances, leurs dispositions.* 329

Chap. XXIV. *Economie de la Religion. Les raports de ses misteres entr'eux & à nôtre état.* 346

Chap. XXV. *Sommaire des matieres precedentes.* 360.

Fin de la Table du premier Tome.

LA LOGIQUE.

LA LOGIQUE.

CHAPITRE I.

Ce que c'est que la Philosophie, & ce que ce n'est pas. Comment nous sommes raisonnables. Source de tous les maux de la vie. Usage des Sens & de la Raison.

C'EST une chose étrange, que dans la vie personne ne soit content, que tous desirent ardemment le bonheur, & que si peu de gens prennent la route qui peut y conduire. Si les hommes vouloient rechercher ce qu'ils sont, aprofondir ce qui se passe en eux-mêmes, considérer leur état à la lumiere de la Raison, & comparer entr'elles toutes leurs afections, ne pourroient-ils point découvrir les vrais moiens de se rendre heureux : Ils seroient Philosophes. C'est beaucoup dire.

Dem. Dites-moi, s'il vous plaît, ce que c'est que la Philosophie ?

Resp. Avant de vous dire ce qu'elle est, je suis d'avis de vous dire ce qu'elle n'est pas. La Philosophie n'est pas un amas de termes généraux, qui ne réveillent aucune idée distincte, & qui fournissent la matière de disputer sans fin. Ce n'est pas l'art de soutenir le mensonge comme la vérité, ou de confondre l'un & l'autre. Ce n'est pas l'art de couvrir son ignorance sous des termes mistérieux, de dominer sur les Esprits par de grands mots, d'imposer au Peuple, & d'amuser les enfans, d'embarasser les questions les plus simples & les plus faciles, de raisonner pour ne rien dire. La Philosophie bannit l'ostentation & la singularité. C'est *l'art de penser, de parler, & d'agir en créature raisonnable.* C'est *l'amour de la Sagesse.*

Dem. Qu'est-ce, je vous prie, que cette Sagesse ?

Resp. C'est cette grande & vaste

lumiere, où tous les Esprits découvrent les mêmes véritez. Car si vous & moi sçavons, sans que nous nous le soïons dit l'un à l'autre, que trois & trois font six, qu'un quarré a quatre côtez égaux, & qu'un homme vaut mieux qu'un cheval ; c'est sans doute qu'il y a une lumiere commune, qui nous instruit secrétement, & de la même maniere l'un & l'autre, & tout le reste des hommes. Quand on consulte bien cette lumiere, ou du moins quand on a bien envie d'aprendre à la consulter, on est Philosophe.

Dem. Y a-t-il quelque diférence entre cette Sagesse & la Raison ?

Resp. Nulle diférence. La Raison, aussi-bien que la Sagesse, n'est autre chose que cét objet lumineux, dont je viens de parler ; & parce que l'Esprit en étant tout pénétré, l'homme peut le consulter quand il lui plait, & se conduire selon les régles qu'il découvre, on définit l'homme, *Animal raisonnable.*

Dem. Mais pourquoi donner cét

atribut à ceux qui ne consultent pas la Raison ?

Resp. C'est qu'encore qu'ils se rendent semblables aux Brutes, la Raison néanmoins ne se sépare jamais de leur Esprit : ils agissent comme si elle s'étoit éclipsée pour eux, mais ils ne perdent point le droit qu'ils ont à cette commune lumiere. C'est un droit naturel, qui nous demeure toujours à tous, quelque mauvais usage que nous en faisions.

Dem. N'y a-t-il pas bien des gens qui ne sont ni sages ni raisonnables, & qui pourtant nous font assez voir qu'ils sçavent se servir de la lumiere dont vous parlez ?

Resp. Il n'y en a que trop. Ceux-là ne manquent ni d'atention ni de prévoiance ; & pourtant on peut les comparer aux Brutes, parce que s'ils se servent de la lumiere pour raisonner, ils ne se conduisent pas selon les régles qu'elle prescrit. Ils sont raisonnables en ce qu'ils raisonnent ; & ils ne le sont pas, puis qu'ils font le contraire de ce que demande la Raison. Ils sont plus malheureux que s'ils ne raisonnoient pas ; puisque cette Raison, qui ne se communique à eux qu'afin que par son moien ils se rendent parfaits, ils ne l'emploient qu'à s'éloigner de plus en plus de la perfection.

Dem. Comment s'en éloignent-ils ?

Resp. C'est en préferant les biens sensibles, les richesses, les honneurs, & les plaisirs de la vie, à la vérité & à la justice.

Dem. Faites-moi comprendre comment la Raison nous rend parfaits.

Resp. Ecoutez-bien ce petit raisonnement. La perfection de l'Esprit, c'est de connoître la vérité, & de se tourner vers elle. Or la Raison renferme toute vérité: ou si vous voulez, la Raison est la lumiere, d'où toute vérité dérive. Donc nous ne pouvons devenir parfaits qu'en faisant un bon usage de la Raison.

Dem. Est-il aussi facile de suivre la Raison, que de ne la pas suivre ?

Resp. L'un n'étoit pas plus dificile que l'autre à Adam pendant qu'il fut dans l'innocence. Comme alors il ne dépendoit pas de son corps, il étoit Philosophe autant qu'il vouloit, & rien ne le pouvoit empêcher, non seulement de tirer de la lumiere de la Raison toutes les connoissances qu'il vouloit, mais encore d'agir conformement aux grandes vûës que lui donnoit cette lumiere. Mais aujourd'hui nous dépendons de nos corps; & l'expérience nous aprend que par cette dépendance nous sommes sujets à une infinité de préjugez; & par conséquent à une infinité d'illusions & d'erreurs, d'où il nous est tres-dificile de nous tirer.

Dem. Quelle expérience en avons-nous?

Resp. Jettez les yeux sur la conduite des hommes. Vous verrez d'une part des desseins précipitez, des entreprises ridicules, des surprises ou des succés malheureux: de l'autre, des violences, des injustices, toutes sortes de maux qu'ils s'atirent les uns aux autres, & dont ils sont également acablez. La source de tous ces maux est dans les faux jugemens de l'Esprit,

& dans les desirs aveugles du Cœur humain. On juge mal, on desire ce qu'on ne doit pas desirer. L'homme tel qu'il est, dépendant du Corps, est séduit par ses sens, & par son imagination ; il ne discerne point le *vrai* d'avec le *faux*, le *juste* d'avec l'*injuste* ; il est toujours sur le penchant du précipice. Tout cela, parce qu'il s'est corrompu, parce qu'il a voulu se soustraire à la Loi qui le doit régler.

Dem. Quel reméde avons-nous contre tant de faux jugemens, & de mauvais désirs ?

Resp. Tenons-nous en garde contre le témoignage de nos sens. C'est de là que naissent les préjugez qui ont des éfets si funestes.

Dem. Pouvons-nous connoître quelque chose par une autre voie que par nos sens ?

Resp. Nos sens nous sont donnez pour la conservation de nos corps. Pendant que nous ne les emploions que pour cette fin, ils ne nous trompent point, à moins que l'œconomie de la machine ne fût troublée : mais au moment que nous leur demandons ce que les choses sont en elles-mêmes, ils nous jettent dans l'erreur, toutes nos idées se brouillent, & nous ne pouvons plus distinguer ce que nous sommes.

Dem. Faites-moi entendre comment nos sens nous sont donnez pour la conservation de nos corps ?

Resp. Soiez atentif. L'homme est composé de deux parties fort diférentes, d'une ame & d'un corps. Ces deux substances ne se nourrissent pas des mêmes biens. Le corps a des biens qui lui sont propres, & l'ame a des biens qui lui sont propres aussi. J'apelle *biens du corps* tout ce qui est nécessaire pour la conservation de la vie temporelle ; & j'apelle *biens de l'ame* tout ce qui peut servir à nous rendre parfaits & solidement heureux. Or la diférence de ces deux sortes de biens supose deux régles diférentes pour les discerner. La régle ordinaire pour discerner les biens du corps, c'est le témoignage des sens ; mais il ne faut pas que ce témoignage aille plus loin.

Dem. Aprenez-moi à faire l'aplication de cette régle ?

Resp. Quand vous mangez du fruit, ou que vous bûvez du vin, faut-il que vous raisonniez pour sçavoir si ce fruit ou ce vin est bon ou mauvais ? Nullement. Le gout en décide. Vous le sçavez. Et d'abord vous dites. *Cela est bon : ou cela ne vaut rien.* Cela s'apelle juger sur le témoignage de ses sens, & juger à propos pour la conservation de la vie. Car s'il faloit examiner par la voie du raisonnement si tout ce qui nourrit le corps est propre ou non pour la santé, ce ne seroit jamais fait. Et quand on pourroit, ce qui est impossible, découvrir toutes les qualitez particulieres des alimens corporels, ou des autres objets sensibles, & reconnoître le dégré de convenance qu'ils ont avec nos corps, la machine qui demande un promt secours, seroit détruite avant que la discussion fût achevée. Ainsi, c'est tres-à-propos que les sens nous ont été donnez, pour nous convaincre du raport que les corps qui nous environnent ont avec celui que nous animons.

Dem. Par quelle régle connoîtrons nous les biens de l'ame ?

Resp. La vérité & la justice, ou tout ce que renferme la Raison, étant les biens de l'ame, leur caractére c'eſt l'évidence. On voit toujours ce qu'on voit évidemment. Mais ſans évidence, point de ſcience : On ne voit rien.

Dem. Ne ſufit-il pas que de grands hommes nous parlent ; & n'eſt-ce pas par leur moien que nous devenons ſçavans ?

Resp. De grands hommes ne doivent vous parler qu'aprés que la Raiſon les a inſtruits, & la ſeule marque qu'ils vous en puiſſent donner c'eſt l'évidence.

Dem. Ne croit-on point ſouvent voir évidemment, ce qu'on ne voit que confuſément, ou point du tout ?

Resp. Cela n'arrive que rarement à un homme de bon eſprit. Et vous m'avoüerez que tous les hommes crojant avoir raiſon dans ce qu'ils diſent & ce qu'ils aſſurent, ce qui diſtingue les ſages d'avec les inſenſez, les Eſprits foibles ou médiocres, d'avec les Eſprits ſolides & elevez ; c'eſt que les uns croient voir, quoi qu'ils ne voient rien ; & que les autres ne disent que ce qu'ils voient clairement.

Dem. Ne peut-on pas dire que le meilleur Esprit est celui qui trouve le mieux la vrai-semblance ?

Resp. Dans les choses les plus fausses on trouve des vrai-semblances. Et en vain l'on cherche ce qui est le plus vrai semblable, si l'on ne connoit déja la vérité. Car assurément il n'y a qu'elle qui puisse être la mesure de ce qui lui ressemble plus ou moins. Remarquez que c'est parce que le commun des hommes s'en tient aux vrai-semblances, qu'ils s'acusent si souvent les uns les autres de n'avoir pas le sens commun. Ce sens commun supose une régle commune, & invariable : il n'est même autre chose que la faculté de la consulter, & de la suivre : Et parce qu'on en sent la nécessité, & que chacun y a droit, chacun se pique d'un bon sens, quoique presque tous s'éloignent de la régle.

CHAPITRE II.

L'exercice du bon sens. En vain on opose la Foi à la Raison. Voie naturelle de la vérité.

Dem. APprenez-moi, je vous prie, quel est en particulier l'usage du bon sens ?

Resp. Le bon sens veut que nous nous atachions le plus à ce qui nous regarde de plus près. Or il n'y a rien qui nous regarde davantage que l'Ame & le Corps dont nous sommes composez, que celui qui nous donne l'être, & qui nous le conserve, que ce qui donne la paix intérieure, & nous met sur les voies du solide bonheur. Donc l'usage du bon sens est de rechercher la connoissance de ces choses.

Dem. Y a-t-il quelqu'un qui n'en sçache pas sufisamment là-dessus ?

Resp. Je vous demande à vous-même, qui est-ce qui ne se trompe pas tous les jours en mile manieres dans le discernement de son ame & de son corps, dans le choix des biens qui nous sont propres, dans l'action des créatures ? Qui est-ce qui ne s'en fait pas des idoles faute de distinguer où réside la puissance ? Qui est-ce qui juge sainement de l'Etre souverain, & de nos obligations par raport à sa conduite, & à ce qu'il est ? Qui est-ce qui sçait l'état où l'homme se trouve, & ce qui peut le lier à son Auteur ? En un mot, qui est-ce qui a des idées distinctes & particulieres de sa Religion ? Le Monde est plongé dans l'erreur. Cela est constant. On ne distingue point ce qui est mortel en nous d'avec ce qui ne peut mourir. On croit chercher les biens de l'Ame quoi qu'on ne cherche que ceux du Corps. On passe la vie dans une circulation de fausses joies, & de vaines terreurs. Au milieu de mille sentimens pénibles on afecte l'indépendance. Le plaisir tient les cœurs atachez aux objets sensibles, & le prétendu bon sens laisse oublier la main qui seule peut faire la distribution & des biens & des maux, & qui agit continuellement dans toutes les parties de l'Univers.

Dem. N'y auroit-il que les Philosophes qui eussent du bon sens, & qui sçûssent la Religion ?

Resp. J'avouë que les choses dont nous avons le plus de besoin d'être instruits, sont de nature, que dans un instant on les sçait parfaitement quand on est prévenu de ces graces célestes, qui gagnent le cœur, & qui le détournent de tout ce qui n'est qu'humain. L'Esprit alors se trouvant libre, contemple sans éfort les véritez essentielles. C'est une voie bien sûre, bien abregée, & bien commode. Par là le simple artisan est bien-tôt élevé au dessus du plus sublime Philosophe, quoique celui-ci sçache discourir, & que celui-là ne le sçache pas. Mais puisque l'Esprit de Dieu souffle où il veut, & qu'il demande que nous fassions un bon usage de nôtre esprit, nous devons, ce me semble, en l'atendant, faire servir autant que nous pouvons la nature à la grace, & nous apliquer à ces connoissances, qui font le caractére d'une Créature raisonnable.

Dem. Les plus grands Saints ne s'en sont-ils pas tenus à la foi qu'ils avoient reçûë?

Resp. Tous les Saints se sont ocupez de la diférence du Corps & de l'Ame, de la subordination de ces deux sortes de substances, des desseins que Dieu a sur elles, de son action continuelle dans toutes les créatures. C'étoit la science de tous ceux qui nous ont instruits aprés Jesus-Christ: ils s'y sont élevez par la Foi, ils en ont rempli leurs Ouvrages. C'est l'éfet de ce retour continuel sur nous-mêmes qui nous est tant recommandé.

Dem. N'est-il point à craindre que sous ce prétexte on ne recherche des connoissances qui passent les bornes de l'Esprit humain!

Resp. On ne court point de risque, quand on ne cherche qu'à s'édifier par la considération des véritez de la Foi, quand on ne songe qu'à se bien connoître soi-même, & à se convaincre de ses devoirs.

Dem. Mais aprés tout ne m'avoüerez-vous pas que la Foi sufit ?

Resp. La Foi sufit, mais c'est la Foi qui nous fait porter des jugemens dignes des atributs divins, qui excite en nous des mouvemens pour les biens véritables. A-t-on la Foi, pour dire, *Je croi en Dieu, & en Jesus-Christ, son Fils unique* ? On convient qu'il faut que nôtre cœur ne tende que vers Dieu. Il faut donc aussi que nôtre esprit s'en ocupe. Car Dieu a fait pour lui & le cœur & l'esprit. Mais comment l'esprit se peut-il ocuper de Dieu, si ce n'est par la méditation de ses grandeurs, & de ses perfections infinies ? On convient aussi que l'homme se doit regarder comme tout corrompu. Mais comment se convaincra-t-il de sa corruption, si ce n'est en considérant ses foiblesses, ses égaremens, ses ténèbres, son opposition au bien ? Enfin comment chercherons-nous Jesus-Christ, si nous ne sçavons l'union que nous avons avec lui, & si nous ne sentons la nécessité de sa médiation ? Ainsi croiez-moi, ce qui est à craindre, c'est que ce mot de *Foi* ne trompe bien des gens, & ne fasse une infinité d'aveugles volontaires, qui ne pensant ni à ce que Dieu est, ni à ce qu'ils sont eux-mêmes, ne font que des œuvres de ténèbres jusqu'à la mort.

Dem. Pourquoi nous a-t-on toujours enseigné qu'il faut sacrifier nôtre raison, & captiver nôtre entendement sous le joug de la Foi ?

Resp. C'est qu'il n'est pas permis d'aprofondir les Mistéres de la Religion. Comme ce n'est pas ici le lieu d'en avoir l'intelligence, Dieu ne nous donne point présentement les idées nécessaires pour les concevoir. Ils sont d'un ordre surnaturel, des esprits bornez aux idées de l'ordre naturel ne peuvent pas y ateindre. Mais il y a des véritez fondamentales & antérieures aux Mistéres, c'est de ces véritez qu'il faut se nourrir l'esprit ; ce sont elles qu'il faut méditer & pousser jusqu'où l'Esprit peut s'étendre, avec cette précaution néanmoins de ne s'écarter jamais de ce qui est constant dans l'Eglise par la tradition de tous les siécles.

Dem. Ne seroit-il pas aussi à propos de reconnoître ces véritez dans le silence & l'admiration ?

Resp. Que nous peuvent servir nôtre silence & nos admirations sur des choses où nous ne connoissons rien, dont nous ne sçavons ni les raisons ni les motifs ? L'Esprit peut-il être véritablement étonné ou saisi d'une crainte respectueuse jusqu'à ce qu'il ait aperçu quelque chose de magnifique, d'impénétrable ? En un mot, ces admirateurs des véritez de la Religion, ces gens de silence & de respect pour les choses qui obligent à rentrer en soi-même, & à se reconnoître tel que l'on est en présence de la Majesté divine, nous imposent par leurs grands mots *d'adoration, d'humilité, de renoncement à leurs propres lumieres,* s'ils s'attribuënt ces dispositions avant que d'avoir médité sur les véritez de la Foi. Rien ne convient mieux à la créature, sur tout ce que Dieu opére, que le silence & l'admiration, mais c'est aprés qu'elle a fait tout l'usage qu'elle peut faire de sa lumiere.

Dem. Pouvons-nous tirer quelque chose de bon de nos lumieres ?

Resp. Nos lumieres ne sont d'ordinaire que des vûës que nous avons par raport aux objets des sens & des passions ; ce sont de fausses lueurs, des préventions funestes, qui augmentent continuellement la corruption qui les a produites ; mais la lumiere, qui est commune à tous les esprits, qui leur est communiquée pour les conduire, ne sçauroit les tromper, & ils ne tombent dans l'erreur, que parce qu'ils ne la consultent pas.

Dem. Comment ferai-je pour consulter cette lumiere ?

Resp. Rentrez en vous-même, & soiez atentif à ce qui vous représente les objets, vous serez au point de la Philosophie.

Dem. Marquez-moi, je vous prie, les caractéres d'un véritable Philosophe ?

Resp. Le vrai Philosophe recherche ce qu'il est, sa fin, son origine, ses devoirs ; il pése & compare toutes choses ; il n'assure que ce qu'il conçoit clairement, ou ce qu'il éprouve en lui-même ; il suspend sur tout le reste jusqu'à ce que l'autorité infaillible en décide ; il s'acommode à toutes sortes d'Esprits, & préfère la vérité à tous les biens de la vie. C'est l'évidence qui le détermine, & qui le régle dans tout ce qui regarde l'ordre naturel.

Dem. Quelle diférence y-a-t-il entre la Raison, la Vérité, & l'Evidence ?

Resp. La Raison est la lumiere qui se présente à tous les Esprits. La Vérité est cette lumiere en tant qu'elle découvre à l'Esprit tels & tels raports. L'évidence est encore cette lumiere en tant qu'aperçûë par l'Esprit selon ces mêmes raports.

Dem. Par quelles voies peut-on parvenir à cette évidence ?

Resp. On y parvient toujours, quand on ne juge pas de la nature des choses par les sentimens qu'on éprouve dans leur usage, mais par les idées véritables qui les représentent.

Dem. Voudriez-vous me conduire un peu dans ce chemin de la Vérité ?

Resp. Suivez-moi. Fermez les yeux, & concevez une étenduë. Ne la concevez-vous pas aussi grande qu'il vous plaît ? Ce que vous concevez, c'est l'idée de la matiere. Vous concevez dans cette grande idée telle figure que vous voulez ; vous y concevez aussi toutes sortes de mouvemens. Vous ne pouvez donc pas douter que l'étenduë ou la matiere ne soit capable d'être muë & figurée diversement. Car l'idée, qui est le seul modéle que nous en puissions avoir, la représente telle. Quand on voit de cette maniere, on voit clairement, on a l'évidence de son coté, on est sur les voies de la vérité.

Dem. Ne pourroit-on pas encore concevoir quelque autre propriété dans cette idée de la matiere, que vous me faites consulter ?

Resp. Consultez bien encore. Si vous concevez dans cette idée quelque autre propriété avec la même évidence, que les propriétez d'être muë & figurée en la maniere qu'on veut, atribuëz-la lui hardiment. Mais si vous n'y en concevez pas, demeurez-en là. Car quand on se mêle de raisonner, il ne faut assurer que ce que l'on conçoit clairement.

CHAPITRE III.

Source des préjugez. Erreurs des sens. Les éfets de l'imagination. Reméde général à nos foiblesses.

Dem. DECOUVREZ-MOI, je vous prie, la cause immédiate de nos erreurs, & des ténébres de nôtre Esprit.

Resp. Nous avons vû que ce n'est pas trop de dire sur le témoignage des sens, qu'un tel objet est utile ou nuisible à nôtre Corps, est agréable ou incommode; & de nous en aprocher, ou de nous en éloigner suivant ce raport de convenance ou de disconvenance. Mais si nous passons outre, nos jugemens sont faux. Quand vous mangez du fruit, par exemple, vos sens non seulement vous disent, que ce fruit convient à vôtre corps, ce qui peut être vrai; ils vous disent encore qu'il y a une douceur dans ce fruit, qui passe de lui en vous. Ils ne se contentent pas de vous dire, que vous êtes bien auprés du feu, que le Soleil vous convient assez, que sans lui vous ne voiez rien, que cette simphonie s'acommode à vôtre tempérament, que cette varieté de couleurs fait un bel éfet; ils vous disent encore qu'une *chaleur*, qu'une *lumiere* passe du feu & du Soleil en vous, qu'un Luth vous communique ses consonances, que des Tableaux & des Tapisseries répandent sur vous des couleurs : & ce qui est de plus merveilleux, ils vous assurent que tous ces objets retiennent pendant qu'ils subsistent tout ce qu'ils donnent si libéralement à tant de monde tout à la fois. Vous n'éxaminez point si tout ce qu'ils disent est vrai, vous aquiescez à tout, vous voila dans les ténebres ; la vérité & la fausseté sont confonduës. On ne rencontre plus que faux raisonnemens & préjugez.

Dem. Comment reduirons-nous à ses justes bornes le témoignage des sens ?

Resp. Reprenons le principe que

nous avons établi. Vous êtes composé de corps & d'ame, c'est à dire, de matiere & d'esprit ; & par l'idée que vous avez de la matiere, vous ne pouvez lui attribuer que la propriété de recevoir des mouvemens & des figures. Or la saveur, la chaleur, la lumiere, les couleurs, l'odeur & l'harmonie, ne sont ni figures ni mouvemens. Donc toutes ces qualitez ne peuvent se trouver ni dans vôtre corps, ni dans ceux qui vous environnent ; & par conséquent ne se rencontrent que dans vôtre ame.

Dem. Mais d'où toutes ces qualitez viennent-elles à l'ame, si elles ne sont pas dans les objets ?

Resp. Ce n'est pas ici le lieu de vous l'expliquer. Cela viendra dans son tems. Il sufit que vous sçachiez présentement qu'il s'échape de petites parties du bois qui brûle, que le Soleil pousse vers nous la matiere qui l'environne, qu'il refléchit des raions des objets qui sont autour de nous ; que des parfums exhalent ce qu'ils ont de plus subtil, que des voix & des instrumens de musique agitent l'air, que vôtre

vôtre corps par toutes ces voies reçoit une infinité de diférentes impressions, lesquelles suivant l'institution de la nature sont suivies de divers sentimens de l'ame, qu'on apelle *odeur*, *son*, *couleur*, &c.

Dem. Pouvons-nous nous empécher d'attribuër toutes ces qualitez à la matiere ?

Resp. Si l'Auteur de la Nature ne vous avoit donné que la faculté de sentir, vous ne le pourriez pas. Mais en vous donnant des sens, il vous a donné l'idée de l'étenduë, afin que par cette idée vous jugiez de ce qui apartient à la matiere. Rien ne vous empéche de consulter cette idée : si faute de la consulter vous confondez l'ame avec le corps, & vous vous méconnoissez, vous ne devez vous en prendre qu'à vous-même.

Dem. Les sens ne nous trompent-ils point d'une maniere que tout le monde puisse apercevoir ?

Resp. Ne vous est-il jamais arrivé de toucher quelque chose, & de retirer vôtre main comme si vous aviez touché un serpent, quoique cette chose ne fût nullement à craindre ? Vous m'avouërez qu'en ce cas le *toucher* trompe d'une maniere mal obligeante. Pour le *goût* & l'*odorat*, vous sçavez que tous les jours ils vous font méprendre, aussi-bien que le *toucher*. Vous croiez sentir ou goûter une chose, & souvent c'en est une autre. L'*ouïe* ne vous trompe pas moins. C'est un tel qui parle, dites-vous, & pourtant ce n'est pas celui que vous pensez. Vous croiez que c'est une *telle* qui chante, & souvent c'est un tel. Tous ces jugemens sont les suites du faux témoignage des sens. Rien n'est plus connu par l'expérience.

Dem. Lequel d'eux est le plus trompeur ?

Resp. Je croi que c'est le sens de la vûë. On peut assurer que celui-là ne nous représente jamais une figure telle qu'elle est. Si un Peintre nous veut faire voir des cercles, il nous fait des ellipses ; & des parallelogrammes s'il veut nous faire voir des quarrez. Un autre viendra qui pour nous faire croire que des personnages sont fort éloignez, leur donnera une figure plus petite que l'ordinaire, les rembrunira un peu, & en afoiblira les couleurs. D'abord nos yeux donnent dedans. Cét objet qui est fort proche se trouve fort éloigné pour eux. Et dans tous ces cas il ne s'en faut prendre ni au milieu, ni à la distance, ni à l'organe. Le milieu n'a point changé, la distance est juste, l'organe est tel qu'il doit être.

Dem. N'auriez-vous point aussi quelque exemple sensible qui pût convaincre d'erreur ceux qui atribuënt à leur Corps tous les sentimens qu'ils éprouvent ?

Resp. Vous avez vû sans doute de ces gens à qui l'on a coupé bras ou jambe. Demandez à l'un ou à l'autre en quel état il se trouve ; il vous dira que souvent il sent de la douleur dans la partie qui lui a été coupée. C'est tromper grossierement. Les sens n'ont pas bien joüé leur rôle à cette fois. Cependant le fait est constant. Vous verrez ailleurs pourquoi la douleur qui n'est que dans l'ame se fait sentir ici & là, & même à des extrêmitez qui ne subsistent plus.

Dem. Mais en ce cas l'erreur des sens n'est-elle pas inévitable ?

Resp. La premiere erreur des sens n'est point à craindre, c'est la seconde. Je veux dire qu'il n'importe que nos sens nous trompent, pourvû que nous soions en garde contre les faux raisonnemens ausquels ils nous inclinent. Pour ôter l'équivoque, ne donnons point trop d'étenduë à la jurisdiction des sens, n'écoutons leur témoignage que sur ce qui regarde le bien du corps, ils ne nous tromperont point. Ce sont des gardiens tres-fidéles & tres-exacts de la machine : mais au moment que nous jugerons par eux de ce qui apartient aux objets, il n'y aura point d'extravagance où nous ne tombions. C'est ce que nous avons déja dit.

Dem. Mais ne faut-il pas ou juger, ou toujours douter ?

Resp. Il faut douter sur ce qu'on ne voit pas clairement ; & nous acoutumer à vaincre cette légéreté comme naturelle qui nous fait juger des choses avant que de les connoître ; mais il faut assurer d'une chose ce qu'on conçoit clairement renfermé dans l'idée qui la représente, ce qu'on se sent forcé de lui atribuër. Il faut suspendre jusques-là, & ensuite bannir le doute.

Dem. Ne seroit-il pas mieux de n'avoir point tant à suspendre, & de connoître les objets par les sentimens que nous avons à leur présence ?

Resp. Cela seroit tres-commode. Mais l'Auteur de la Nature n'a pas tant égard à nos commoditez. La Vérité est un assez grand bien pour mériter nôtre atention. Elle est le pain de l'Ame, il est juste que des pécheurs ne l'obtiennent que par le travail, aussi-bien que le pain du Corps. L'atention nous est nécessaire pour nous conduire. Sans atention, souvenez-vous-en, point de connoissance de la Vérité.

Dem. Montrez-moi comment nos sens ne nous représentent les objets que selon le raport que ces objets ont avec nous ?

Resp. Telle chose qui vous paroissoit chaude dans un tems, vous paroit froide dans un autre tems : ce que vous trouviez doux, vous le trouvez amer : ce qui vous plaisoit hier à l'odorat ou à l'oreille, vous choque aujourd'hui l'un ou l'autre : ce qui vous paroissoit petit à une certaine distance, vous paroit grand à une autre distance. Voila ce que nous apellons voir les objets, selon le raport qu'ils ont avec nous, c'est à dire, avec la disposition présente de nos corps. Et par là vous voiez qu'il n'y a rien de grand ni de petit en soi, rien de chaud ni de froid, rien de doux ni de facheux par soi-même : en un mot, que tout paroit bon ou mauvais à nos sens, selon la disposition actuelle où nous nous trouvons. C'est aussi pourquoi vous pouvez dire sur leur témoignage, que telle chose vous est agréable ou vous déplait ; mais non pas juger de la nature de cette chose, puisque les qualitez prétenduës que vous y sentez changent à tous momens, & que pour juger de la nature d'un objet il faut une régle invariable.

Dem. N'ai-je rien autre chose à craindre que les erreurs de mes sens ?

Resp. L'homme est ici bas environné d'énemis : il en trouve au dehors & au dedans. Si ses sens le trompent, son imagination ne le séduit pas moins.

Dem. Quelle diférence mettez-vous entre les sens & l'imagination ?

Resp. Concevez que dans le Corps humain il y a des nerfs, qui du cerveau, où ils ont leur origine, se répandent à toutes les extrémitez. Cela suposé, nous *sentons* en conséquence de l'ébranlement que reçoivent les nerfs par les extrémitez du Corps ; & nous *imaginons* en conséquence de l'ébranlement que reçoivent les mêmes nerfs par les extrémitez qui sont dans le cerveau.

Dem. Cela étant ainsi, ne sentons-nous point & n'imaginons-nous point tout à la fois ?

Resp. Il est vrai que pour sentir ou apercevoir un objet, il faut que l'impression que le Corps en a reçuë se transmette jusqu'aux extrémitez des nerfs qui sont dans le cerveau ; mais il ne s'ensuit pas qu'alors on imagine. Le principe de l'imagination c'est la disposition que ces extrémitez du dedans ont à être ébranlées de nouveau par le cours des esprits animaux, qui voltigent ordinairement dans nos têtes. Ces esprits animaux sont les plus subtiles parties du sang, de la distribution desquelles dépendent tous les mouvemens de l'animal.

Dem. De quel usage est cette disposition des nerfs ?

Resp. Elle est d'un tel usage, que sans elle l'animal ne pourroit chercher ni éviter les choses qui sont nécessaires ou contraires à sa conservation. Elle est l'éfet de certaines traces que le cerveau a reçûës, & elle produit la même chose que l'impression actuelle des objets de nôtre corps. La présence d'un objet qui nous cause de la peine ou du plaisir, nous fait fuir ou aprocher : le souvenir de cét objet, ou le renouvellement de la trace qu'il a faite sur le cerveau, cause en nous un mouvement d'amour ou de haine : & nous cherchons, ou nous évitons ainsi ce qui est utile ou contraire à nôtre corps.

Dem. Ces traces dont vous parlez, n'ont-elles aussi pour fin que la conservation du Corps ?

Resp. Nulle autre fin. Et c'est par cette raison que nous sommes sujets à tant de préventions, & que nous nous repaissons de tant de chiméres : car le Corps demande que l'Ame ait des sentimens vifs par raport aux objets qui le regardent ; & cette vivacité fait qu'une ame foible, qui n'a pas connu le vrai bien, passe sa vie dans des desirs & des craintes continuelles par raport aux biens du corps, aux richesses, aux honneurs, aux plaisirs sensibles ; & oublie pour une vapeur ou pour un songe ce qui peut la rendre éternellement heureuse.

Dem. Que faut-il faire pour éviter cét état ?

Resp. Il faut s'élever au dessus des impressions qu'on a reçûës des objets sensibles, compter pour rien les opinions vulgaires, aler toujours à la Raison. Nous en avons vû les moiens : il n'est pas nécessaire de les répéter ; & vous aprendrez dans la suite tout ce que vous pouvez desirer là-dessus.

Dem. Mais comment faire pour

tenir contre le langage ordinaire ? Peut-on n'entendre qu'un langage toujours d'acord avec les sens, & ne s'en pas tenir à leur témoignage ? Peut-on ne vivre qu'avec des hommes que l'imagination conduit, & ne se pas abandonner à l'imagination ?

Resp. L'imagination est contagieuse : j'en conviens ; mais on n'a rien à craindre de sa part, quand on s'est acoutumé à faire usage de la Raison, & à considérer ce que les choses sont en elles-mêmes ; les richesses, par exemple, les honneurs, les Dignitez, & la volupté. Pour le langage ordinaire, il faut considérer qu'aiant pour fin la conservation de la vie, c'est une nécessité qu'il s'acorde avec le témoignage des sens. Un homme raisonnable n'y doit rien changer pendant qu'il ne s'agit que du bien du Corps. Quand il s'agit du bien de l'Ame, c'est à lui à revenir à ses idées, & à considérer ce que chaque chose est en elle-même, suivant les régles que nous avons vûës.

CHAPITRE IV.

Inutilité des Logiques ordinaires. Toute la Philosophie dépend des idées distinctes. Diférence entre connoître & sentir.

Dem. VOUDRIEZ-VOUS m'aprendre un peu ce que c'est qu'on apelle Logique ?

Resp. La Logique est l'art de penser & de raisonner.

Dem. D'où dépend cét art ?

Resp. De l'atention aux idées qui nous représentent les choses ; si vous sçavez vous élever au dessus des impressions sensibles, de l'opinion, ou des préjugez, vous sçaurez la Logique, vous penserez bien, vous raisonnerez juste.

Dem. Que faut-il faire pour en venir-là ?

Resp. Il faut remarquer les erreurs des sens & de l'imagination, distinguer les vraies d'avec les fausses idées.

Dem. N'est-il pas nécessaire pour cela d'aprendre les termes & les diverses manieres dont on raisonne ?

Resp. Il est bon d'aprendre ces choses, pourvû qu'en les aprenant on sçache bien qu'on n'aprend que des mots. Car enfin de sçavoir qu'il y a des termes *simples*, des termes *composez*, des propositions *simples*, des propositions *composées*; qu'il y a quatre *opérations* de l'Esprit, & qu'un raisonnement peut recevoir telle ou telle forme, ne nous peut guérir de rien. Qu'on multiplie les exemples, que les divisions & subdivisions viennent en foule, tout cela n'amene point la lumiere. Je ne nie pas néanmoins que toutes ces choses soient fondées en raison; mais on les sçait sans les avoir aprises. Et comme il n'y a personne qui sans sçavoir ce qui se débite dans les Logiques ordinaires ne donne à ses discours tantôt une forme, tantôt une autre; il n'y a personne aussi qui connoissant ce que produit le préjugé, & donnant l'atention nécessaire, n'aperçoive & ne marque ce qu'il y a de vrai & de faux dans un raisonnement.

Dem. Ne trouve-t-on rien autre chose dans la Logique des Philosophes ?

Resp. On y trouve encore, l'*Universel*, les *Catégories*, l'*Etre de Raison*, & l'ingenieuse invention du *Barbara celarent*, &c.

Dem. Quelles sont leurs quatre opérations de l'Esprit ?

Resp. Ce sont l'*aprehension*, le *jugement*, le *raisonnement*, la *métode*. On apelle *aprehension* l'idée confuse que l'Esprit reçoit d'un objet. On apelle *jugement* le raport qu'il fait d'une chose à telle idée. On apelle *raisonnement* la comparaison qu'il fait de telles & telles idées ; & *métode*, l'ordre qu'il garde en faisant cette comparaison, soit qu'il remonte de la chose à son principe, ce qui s'apelle *synthese*, soit qu'il descende du principe à la chose, ce qu'on apelle *Analyse*.

Dem. Les Philosophes ne traitent-ils point des idées d'où dépend le jugement & le raisonnement ?

Resp. Ils en traitent ; mais c'est pour en faire des divisions & subdivisions : ils n'en marquent ni la nature ni l'origine. Nous tâcherons dans la suite à vous faire connoître l'une & l'autre.

Dem. Que veulent-ils marquer par l'Univerſel ?

Resp. Ils veulent nous aprendre qu'il y a des animaux de diférentes eſpéces, que chaque eſpéce a ſa diférence, & que chacun d'eux a quelque choſe qui lui eſt propre, ou qui lui eſt accidentel. Voiez ſi c'eſt vous aprendre quelque choſe de nouveau.

Dem. A quoi tendent les Cathégories ?

Resp. A nous aprendre qu'il y a des *ſubſtances* & des *modes*, & qu'on peut conſidérer beaucoup de choſes par raport à ces ſubſtances, comme ſi quelqu'un l'ignoroit.

Dem. De quel uſage eſt l'*Etre de Raiſon* ?

Resp. Il ſert à faire remarquer qu'il pourroit y avoir une montagne d'or ; mais qu'il ne peut pas y avoir de bâton ſans deux bouts, ni de

La Logique. 39

montagne sans valée.

Dem. Le *Barbara celarent* n'a-t-il point un usage plus important ?

Resp. Il n'en a point d'autre que de faire observer qu'un raisonnement est composé ou de propositions universelles afirmatives, ou de propositions universelles négatives ; ou de propositions particulieres afirmatives, ou de propositions particulieres négatives, ou du mélange des unes & des autres. Cela vous fait assez voir que sous des termes mistérieux il n'y a pas toûjours de grands mistéres.

Dem. N'y a-t-il pas des précautions à prendre pour ne pas laisser confondre nos idées ?

Resp. Il y en a, qui sont de définir les termes, & de distinguer ce qui a un double sens. On vous dit tous les jours ; par exemple, le feu est chaud ; la lumiere est dans le Soleil ; la neige est blanche ; les animaux connoissent. Si vous ne distinguez pas tout cela, & si vous n'atachez pas des idées particulieres aux termes de chaleur, de lumiere, de blancheur, de connoissance, vous confondrez l'Ame avec le Corps. Tout sera ténébres pour vous. Mais si rentrant en vous-mêmes, vous dites. Par le mot de *chaleur*, ou l'on entend l'agitation de plusieurs petites parties du bois qu'on brule, lesquelles s'échapent & viennent heurter contre mon corps : ou l'on entend ce que j'éprouve actuellement auprés du feu. Si l'on entend le premier : La chaleur est dans le feu. Si l'on entend le second : La chaleur n'est point dans le feu, & ne passe point du feu en moi. De même, si par le mot de *lumiere* on entend une espéce de vibration d'une matiere tres-subtile, qui se fait dans un instant de toutes parts, & qui agit fortement sur nos yeux à la présence du Soleil, la lumiere vient du Soleil. Mais si par ce mot on entend ce qui se passe en moi quand je regarde cét astre, assurément la lumiere ne lui apartient pas. De plus, si par le mot de *blancheur*, de *jaune*, de *rouge*, ou de *vert*, on entend une telle tissure dans les parties dont chaque corps est composé, qui fait que des raions en refléchissent en mille diférentes manieres, la blancheur est dans la neige, & le rouge dans l'écarlate. Mais si par ces termes de *blancheur* & de *rouge* on entend ce que j'éprouve en ouvrant les yeux, la blancheur ne me vient pas de la neige, ni le rouge de l'écarlate. Enfin si par le terme de *connoissance* dans les animaux on entend une distribution d'esprits animaux, qui se fait en eux si à propos en conséquence des traces qui sont formées sur leur cerveau, ou des impressions qu'ils reçoivent actuellement des objets, qu'ils ne manquent guéres d'aler à ce qui leur est utile, ou d'éviter ce qui leur est contraire, les animaux ont de la connoissance. Si par ce mot on entend la présence ou la possession d'une lumiere, qui fait discerner le bon d'avec le mauvais, l'utile d'avec le nuisible, on ne peut l'atribuër aux animaux sans les élever à la dignité de nôtre nature, ou sans nous avilir étrangement. C'est qu'en un mot la chaleur, la lumiere, la couleur, la connoissance ne peuvent être les modes d'une substance matérielle.

Dem. Quelle diférence y-a-t-il

entre le mode & la substance ?

Resp. La substance est ce qui subsiste indépendemment du mode ; & le mode est ce qui ne peut subsister indépendemment de la substance. La matiere, par exemple, peut subsister indépendemment de la rondeur, ou de la figure quarrée ou triangulaire, elle peut subsister sans mouvement : mais le mouvement & la rondeur ne peuvent subsister sans la matiere. La matiere est substance : & le mouvement & la rondeur sont ses modes. De même l'Ame peut être sans douleur ni plaisir : mais la douleur & le plaisir ne peuvent subsister indépendemment de l'Ame. L'un & l'autre sont les modes de l'Ame, qui est substance.

Dem. Comment m'assurerai-je de cette diférence ?

Resp. Par la maniere dont vous concevez les choses. Vous concevez clairement qu'une substance peut subsister sans ses modes ou modalitez ; & vous ne concevez nullement que ces mêmes modes puissent subsister sans leur substance. Vous pouvez donc assurer l'un, & nier l'autre ; c'est à dire, tenir pour constant que les modes, modalitez, ou modifications ne sont que les substances mêmes d'une telle ou telle manière.

Dem. Ne se peut-il pas faire que les choses soient autrement que nous ne les concevons ?

Resp. Non : cela ne se peut, quand nous les concevons clairement. Mais qu'on dise ce qu'on voudra, il est certain que nous ne pouvons juger que sur les idées que nous avons; & que dans l'ordre naturel c'est tout confondre que de vouloir raisonner sur ce qu'on ne conçoit pas.

Dem. Ne seroit-il point nécessaire que vous me donnassiez encore les définitions de quelques termes pour me disposer à la solide Philosophie ?

Resp. Je pourrois faire comme bien d'autres ont fait, un atirail de définitions & d'axiomes : mais vous vous en passerez bien ; vous pourrez sans toutes ces précautions atacher des idées distinctes à tous les termes dont je me servirai. Souvenez-vous seulement que ce qui fait le Philosophe, c'est de sçavoir distinguer la connoissance d'avec le sentiment.

Dem. Comment m'y prendrai-je pour distinguer l'un d'avec l'autre ?

Resp. Vous avez vû que le témoignage des sens est une source d'erreurs. On se trompe donc, parce qu'on croit connoître ce qu'on ne fait que sentir. Il faut pour *connoître* se tenir en garde contre le témoignage des sens.

Dem. La connoissance ne supose-t-elle pas le sentiment ?

Resp. Elle le supose. Et c'est parce que l'on connoit & que l'on sent toujours en même tems, que l'on confond deux choses, qu'il est si important de distinguer.

Dem. Faites-moi voir que connoître & sentir sont deux choses si diférentes.

Resp. Quand vous pensez à tel ou tel objet ; vous avez une perception, & cette perception est vous-même ; c'est vôtre ame même en tant qu'elle aperçoit cét objet. Cependant vous voiez bien que l'objet que vous apercevez n'est pas vous-même, & que c'est une idée hors de vous. Ce

qui vous repréfente un objet eft donc
fort diférent de la perception que vous
en recevez. Or autant que la perception eft diférente de l'objet intérieur;
autant le fentiment eft diférent de la
connoiffance. *Sentir*, *apercevoir*,
c'eft recevoir l'impreffion d'un objet:
Connoître, c'eft en voir clairement
les raports.

Dem. Soutenez-moi, je vous prie,
ici, par quelque exemple.

Refp. Ne vous eft-il jamais arrivé de voir quelque partie de vôtre
corps d'une telle couleur, & d'y fen-
tir en même tems de la douleur?
En ce cas que connoiffiez-vous, &
que fentiez-vous? Vous *connoiffiez*
de l'étenduë qu'on apelle main ou pié,
bras ou jambe. Et vous *fentiez* de la
douleur & de la couleur.

Dem. La douleur & la couleur
ne vous femblent-elles pas elles-mêmes étenduës?

Refp. Elles le femblent: mais prenez garde. La douleur & la couleur
ne font pas la même chofe, & l'é-
tenduë eft toujours la même. Vous
voiez des raports exaêts dans l'éten-

duë, vous pouvez la mesurer exactement : mais tout est confus pour vous dans la couleur & la douleur, vous ne pouvez mesurer l'une ni l'autre. Comme donc l'idée de l'étenduë & la couleur ne sont pas la même chose : la connoissance & le sentiment sont aussi deux choses tres-diférentes. Si cela ne sufit pas, écoutez encore. Quand vous regardez quatre lignes égales qui se joignent par leurs extrêmitez, & qui font quatre angles droits, vous recevez une impression qui vous fait dire ; voila un quarré : & si vous vous apliquez un peu, vous reconnoissez diverses proprietez dans ce quarré, comme celles de pouvoir être divisé en parallelogrammes, & en triangles. Par l'impression que vous en recevez, vous en avez le sentiment ; par l'atention que vous avez à l'idée qui le représente, vous en avez la connoissance. Il y a donc bien de la diférence entre connoître & sentir. Vous l'aprendrez parfaitement dans la suite.

CHAPITRE V.

L'origine des Sciences & des Arts. Leur usage. Leur progrés. Leur fin.

Dem. Où pouvons-nous découvrir l'origine de ce que nous apellons communément Philosophie?

Resp. L'origine de toutes les Sciences & de tous les Arts qui la composent, se découvre dans nos idées & dans nos sentimens.

Dem. Quelle diférence mettez-vous entre les Sciences & les Arts?

Resp. La Science est comme un droit aquis par la méditation sur telles & telles idées, dont les raports font tirer de justes conséquences: & ce que nous apellons *les Arts* est la maniere de faire des Ouvrages qui répondent à ces idées. Mais on donne communément le nom de Science à l'habitude qu'on a de parler de quelque chose que ce puisse être, ou d'agir de telle ou telle maniere.

Dem. Quelle a été la premiere

de toutes les Sciences ?

Resp. L'homme dés l'instant de sa création étant frapé d'une infinité d'objets, & sentant de quel usage ces objets lui devoient être, s'apliqua à leur trouver des noms, qui répondissent aux idées sensibles qu'il en avoit. Dans le même instant la langue toute disposée à prononcer, prononça, & atacha, pour ainsi dire, un nom à chaque objet qui se présentoit. Ainsi la premiere de toutes les Sciences purement humaines fut la *Grammaire*, qui est composée de noms, de verbes, de propositions, &c.

Dem. Comment fit-on la diférence du verbe & du nom ?

Resp. La varieté des objets, & leurs diférens usages firent bien-tôt faire des mots qui exprimassent non seulement les diverses manieres de s'en aprocher ou de s'en eloigner, mais encore les impressions qu'on en reçoit. Et alors la langue suivant exactement les sentimens de l'ame, joignit d'abord par la facilité de son mouvement le verbe au nom : & l'un fut masculin ou feminin : l'autre actif ou passif. *Dem.*

Dem. Comment se formerent les autres parties du langage ?

Resp. Les objets qui fraperent l'homme commençant par former des traces sur son cerveau, il se trouva tellement rempli de traces, qu'une se trouva toûjours jointe à plusieurs autres. De maniere qu'un sentiment se trouvant toûjours par cette raison suivi ou acompagné d'un autre sentiment, la langue méchaniquement, & en conséquence de la volonté de l'ame, prononça ce que nous apellons *préposition*, *conjonction*, & *negation*. D'où furent exprimées & la liaison de nos sentimens, & les raisons qui les augmentent ou qui les diminuënt. Leurs divers dégrez furent exprimez par les noms qu'on apelle *adjectifs*, & par les mots que nous apellons *adverbes*.

Dem. L'interjection & l'exclamation se formerent-elles de la même maniere ?

Resp. Le Corps humain aiant été fabriqué avec tout l'art nécessaire, afin qu'il s'y passât tous les mouvemens propres à l'aprocher ou l'éloigner des choses utiles ou contraires à sa conservation, l'interjection & l'exclamation furent les suites de la même Méchanique ; & il se trouva qu'un mouvement purement corporel avoit parfaitement exprimé la disposition de l'ame par raport à tel ou tel objet, en telle ou telle circonstance. Il ne fut donc point nécessaire au commencement d'avoir des Maîtres pour aprendre la Grammaire, les loix de l'union de l'ame & du corps, & la Méchanique de ce même corps l'aprirent parfaitement aux prémiers hommes, & ils n'eurent plus qu'à convenir entr'eux des noms que leurs sentimens les porterent à donner aux choses.

Dem. D'où vient donc que les Peuples ont des langages si diférens ?

Resp. C'est que les uns sont convenus sur certains sons, & les autres sur d'autres sons ; outre que par l'inconstance naturelle de l'esprit humain, par amour de la nouveauté, & en conséquence des révolutions, une même langue a pû recevoir des changemens infinis. Mais ce qu'on doit remarquer, c'est que toutes les langues, quelque forme qu'elles aient prise, ont toûjours été formées sur les sentimens que les hommes ont éprouvez dés le commencement du monde, pour la conservation de leur corps & de la société. D'où il s'ensuit que le langage ordinaire n'est pas propre à nous faire connoître ce que les objets sensibles sont en eux-mêmes, ou le fond de leur nature, mais seulement le raport qu'ils ont avec nous ; & qu'ainsi, quand on raisonne il faut atacher des idées à ses termes, à moins qu'on ne veuille parler en l'air, & sans s'entendre.

Dem. Comment s'avisa-t-on d'écrire ?

Resp. Les hommes reconnurent bien tôt que la parole ne sufisoit pas toûjours pour se faire entendre leurs pensées les uns aux autres, ils convinrent entr'eux de quelques autres signes qui supléassent dans le besoin ; & remarquant ensuite que chaque mot qu'ils prononçoient dépendoit de certaines infléxions de la langue, ils exprimerent ces infléxions par de petites marques, dont étant une fois convenus, chacun pût encore mieux faire entendre ce qu'il pensoit sans parler. Alors les Ecritures furent en usage. Et si l'on considére que toutes les Langues du monde sont soumises à vingt-deux ou vingt-trois petites marques, qui par les combinaisons qu'elles peuvent recevoir exprimeroient tout ce que les hommes peuvent éternellement penser, on conviendra que rien ne marque tant la sagesse & la fécondité du Créateur que l'usage de la parole.

Dem. Quelles furent les Sciences qui suivirent de plus prés la Grammaire ?

Resp. Ce furent les Mathématiques, la Géométrie, l'Architecture, la Méchanique, l'Arithmétique, l'Astronomie, &c. aparament la Navigation ne vint qu'aprés.

Dem. Comment commença la Géométrie ?

Resp. Les hommes aiant reconnu de quelle utilité leur étoit la Terre qu'ils trouverent couverte de fruits, & qui pour un grain de blé qui retomboit dans son sein, en redonnoit cent; & un arbre abondant pour un pepin, chacun en prit le plus qu'il lui fut possible, & songea d'abord à marquer les limites de sa portion, & l'aplication qu'ils y eurent forma les Arpenteurs & les Géométres.

Dem. Comment commença l'Architecture?

Resp. Les hommes ne songeant qu'à mesurer leurs terres, aperçurent un objet qui leur fournissoit dequoi éternellement mesurer. Ils ne connurent pas quel étoit cet objet; mais ils sçurent en tirer l'art de fabriquer plusieurs choses nécessaires à la vie: ils y conçurent des lignes & des surfaces, du haut, du large & du profond, diverses sortes d'angles & de proportions. Sur le modéle qu'ils contemploient ils arangerent la matiere, & ils eurent des maisons pour se loger.

Dem. Où prirent-ils des instrumens pour préparer les matériaux, & les mettre en œuvre?

Resp. Ils en trouverent bien-tôt des modéles dans l'idée de la matiere qu'ils contemploient. La connoissance des lignes leur donna celle de la force de tel ou tel instrument, ils conçurent diverses machines, le coin, le lévier, la vis, la roue, qu'ils combinèrent en diverses manieres, & ils eurent la science qu'on apelle la *Méchanique*. De là sont venus les Maçons, les Charpentiers, les Menuisiers, les Serruriers, les Orfevres, tous les Ouvriers qui travaillent sur la pierre, le bois, & les métaux.

Dem. Comment commença l'Arithmétique?

Resp. Ceux qui s'apliquerent à la Méchanique voiant qu'une force étoit double, triple, quatruple, décuple d'une autre, furent obligez dans la comparaison qu'ils firent des machines qui devoient servir à diférens Ouvrages, d'ajouter, de souftraire, de multiplier, de diviser: De sorte que le même objet qui leur fournissoit dequoi comparer des lignes, se découvrant à eux selon son unité, leur fournit encore dequoi comparer des nombres: car tous les nombres ne sont que l'unité répétée.

Dem. Quel est, je vous prie, cét objet ?

Resp. C'est cette idée infinie qui se découvre à chacun de nous selon qu'elle représente la matiere, & selon qu'elle représente les nombres : nous en parlerons dans la suite. Or comme cét objet est le même que celui sur lequel l'Auteur de la Nature a formé l'Univers, il n'est pas surprenant que les hommes aient sçû en quelque maniere imiter la Méchanique de la Nature.

Dem. Comment commença l'Astronomie ?

Resp. Habitans dans de vastes campagnes, & n'aiant point d'autre toit que le Ciel, ils furent plus frapez du Soleil & des Etoiles, que des autres objets. Ils remarquerent donc que le Soleil étant à un certain point dans la voute céleste, revenoit à ce même point après un certain tems : ils remarquerent deux points de cette sorte, à l'un desquels le Soleil revenoit dans un sens, pendant qu'il s'avançoit vers l'autre dans un sens tout opposé : ils remarquerent que dans sa course il s'écartoit & se raprochoit de ces points, tantôt à droit, tantôt à gauche, mais toûjours dans une parfaite régularité, & à une distance déterminée & égale de part & d'autre. Cela leur fit imaginer de grands & de petits cercles, & ensuite construire des Sphéres. Remarquant aussi qu'à mesure que le Soleil montoit dans sa course, il commençoit à éclairer certains peuples, & cessoit d'en éclairer d'autres; & de plus, que selon qu'il haussoit ou baissoit, l'ombre que fait la Terre changeoit, ils marquerent par le calcul les diférences de l'ombre, qui se trouve toûjours exactement proportionnée au progrés que fait le Soleil; & ces diférences marquées par des lignes furent la science des Cadrans, ou la *Gnomonique*. On partagea le tems comme l'on voulut, & les Méchaniciens eurent des régles sûres pour la fabrique des horloges. Enfin on remarqua que tous les corps célestes avoient des mouvemens où il se trouvoit une grande varieté : on calcula ces mouvemens par raport les uns aux autres : en calculant on trouva le tems des Éclipses, & on fit diverses sortes d'années, suivant la diversité des révolutions des Planétes. Voila l'origine & le progrés de l'Astronomie.

Dem. N'a-t-on pas beaucoup abusé de cette science ?

Resp. Sous prétexte de ses grands avantages, il fut facile à ceux qui la possédoient, de persuader aux autres qu'ils pouvoient connoître l'avenir, & marquer le sort d'un chacun. L'interêt & le desir d'une vaine réputation furent en cela de puissans motifs. L'Astrologie, qu'on apelle *judiciaire*, s'établit : & comme il est aisé d'imaginer telles & telles combinaisons, non seulement dans les Astres, mais encore dans toute la Nature, une imposture fut bien-tôt suivie d'une autre ; & on vit naître *Géomancie*, *Chiromancie*, *Negromancie*, & autres chimères énemies du repos des hommes. Ce furent autant de taches pour les Mathématiques, qui n'y avoient pourtant aucune part : On fut si persuadé qu'elles avoient leur principe dans l'Astronomie, que dans les premiers siécles de l'Eglise on apelloit encore *Mathématiciens* ceux qui en faisoient profession.

Dem. Ne poussa-t-on point encore plus loin les Mathématiques ?

Resp. Les hommes apliquez à observer ce qui les environnoit, ne tarderent guéres à remarquer que les objets leur paroissoient d'autant plus petits qu'ils étoient plus éloignez : ils reconnurent que cette diférence de grandeur venoit de la varieté que les diverses distances mettent dans les angles formez par les raions reflechis des objets. Cela leur ouvrit le chemin de l'*Optique* ; & remarquant de plus en plus en combien de manieres on se trompoit quand on jugeoit de la distance, de la figure, & de la situation des objets par les perceptions qu'on avoit à leur présence, ils observerent les circonstances de leurs distances: ils les tracerent sur un plan suivant les régles de la Géométrie, & ils aprirent ainsi la *Perspective*, qui jointe à la Méchanique forma les Peintres, & les Statuaires. On voit assez que ces sciences dépendant de la vûë ne pouvoient être que fort imparfaites avant qu'on eût examiné la structure de l'œil, & qu'on eût connu les refractions que souffrent les raions de la lumiere lors qu'ils en pénétrent les humeurs.

Dem. Les hommes ne s'arrêterent-ils qu'aux perceptions qu'ils recevoient par les yeux ?

Resp. Ils ne remarquerent pas moins les sons qui se formoient en conséquence de certains mouvemens de la langue ; & s'étant aperçûs qu'ils prenoient des sons, tantôt plus hauts ou plus bas, tantôt plus graves ou plus aigus de la maniere qu'il leur plaisoit, ils s'aviserent de mettre entre ces sons, des raports semblables à ceux qui sont entre les nombres, & formerent ainsi ce qu'on apelle *Tierce*, *Quarte*, *Quinte* & *Octave*, d'où la Musique est dérivée.

Dem. La Musique fut-elle, comme l'on dit, la mere de la Poësie, & de la danse ?

Resp. Tout cela se suivit. La mesure des consonances fut suivie celle des mots & des expressions. On sçut donner diverses cadences à ce qu'on prononçoit ; & ainsi commença la Poësie, qui bien-tôt après fut emploiée à étaler des fables, & à augmenter la corruption du cœur humain. Or l'émotion que l'harmonie causa dans le sang, parut incontinent au dehors ; & le corps humain se trouva disposé de maniere, que les esprits animaux, suivant les volontez de l'ame, prirent un cours qui répondoit exactement aux consonances de la voix ou de l'instrument. Ainsi les piés & les bras reçurent des mouvemens mesurez, & l'on dansa. Ce qui est encore merveilleux, c'est que ceux qui entendirent chanter, purent, sans sçavoir ce que c'est que raports de sons, répéter des chansons, & se mettre en cadence ; & cela par le moien des traces que produisent sur le cerveau les inflexions d'une voix, & les mouvemens d'un danseur ; & en conséquence desquelles l'ame détermine les esprits animaux à couler ici & là.

Dem. Comment s'avisa-t-on de s'exposer sur la mer ?

Resp. A mesure que les hommes avançoient dans les sciences & les arts, ils cherchoient dans un Climat ce qu'ils ne trouvoient pas dans un autre. Ils se firent donc des chemins ; & afin que la mer ne les empêchât pas de traverser tous les Climats, ou ne les obligeât pas à faire de trop longs voiages, par le même art qu'ils s'étoient fait des maisons sur terre ferme, ils en fabriquerent de propres à voguer sur les eaux : & avec le secours de leur Géométrie ils se déterminerent des routes à la faveur des vens & des étoiles. Alors on parla de navigation, de manœuvre, de pilotage. Le commerce se grossit ; & par la même invention la terre & la mer devinrent également des théatres de guerre.

Dem. Les arts se sont-ils autant perfectionnez qu'on le dit ?

Resp. Le fond d'où les premieres idées de tous les arts ont été tirées étant inépuisable, il est évident qu'ils peuvent être perfectionnez de plus en plus ; aussi voions-nous qu'on les perfectionne tous les jours.

Dem. D'où vient donc qu'on ne voit plus, par exemple, de *Phidias*, ni d'*Apelles* ?

Resp. Vous ne sçavez pas s'il n'y en a point. Mais quand il n'y en auroit plus, cela ne prouveroit point que les arts ne se perfectionnent pas; mais seulement qu'il y a tel homme dont le tour d'imagination est singulier, & qui par cette raison est inimitable. Vous voiez donc que ç'a été en mesurant tout ce qui est capable de plus & de moins, comme l'*étenduë*, les *nombres*, & le *tems*, que les hommes ont établi les fondemens de tous les arts. A mesure qu'ils avançoient dans leurs découvertes, ils faisoient des ouvrages qui répondoient à leurs idées; & formoient ou excitoient des Ouvriers qui travailloient ou pour les nécessitez de la vie, ou pour la volupté & le luxe. Car vous devez principalement remarquer, que comme les hommes n'ont été excitez à s'exercer dans les sciences & dans les arts, que par les sentimens qu'ils ont eus à la présence des objets, ils n'ont jamais aussi envisagé que le bien du corps dans toutes leurs découvertes.

CHAPITRE VI.

Confusion dans les Sciences par les préjugez. Amour propre, Vanité, principes des inventions humaines.

Dem. QUELQUE soin que les hommes aient toûjours pris pour donner au corps ce qu'il demande, n'ont-ils pas toûjours senti qu'il étoit sujet à bien des maux ?

Resp. Ils ne l'ont toûjours que trop senti : & ce fut par cette raison que comparant certaines qualitez internes qu'ils s'attribuoient, avec l'expérience qu'ils avoient des plantes, & des autres choses que la terre fournit, ils tenterent ce que nous apellons *Médecine*. Ils préparerent donc ce qu'ils crurent capable de rafraichir ou de réchauffer les corps dans lesquels ils jugeoient que le *chaud* & le *sec*, ou le *froid* & l'*humide*, dominnoient excessivement ; & ils composerent sur le même principe des remédes pour les blessures, & pour tous les maux extérieurs. De sorte que dans les premiers tems le Medecin, le Chirurgien, l'Apoticaire, ne firent qu'une même personne.

Dem. Ne sentirent-ils point aussi la nécessité de perfectionner cette science ?

Resp. Pour la perfectionner ils voulurent étudier la Nature, & d'abord ils travaillerent à resoudre les Corps, jugeant que par là ils en connoîtroient la composition : il n'y en eut point qu'ils ne fissent passer par le feu. Les Alambics, les Cornuës & le Charbon leur en firent sortir des sels, des huiles, & autres liqueurs. Ils jugerent de là que toutes ces choses étoient les premiers principes dont chaque Corps étoit composé ; ils n'eurent point d'égard aux changemens que le mouvement du feu aporte dans les parties, ils raisonnerent sur le témoignage de leurs sens. Leur science, qu'on apelle *Chymie*, fut, selon eux, le developement de la Nature ; ils

ils voulurent y assujetir le Corps humain, & il n'y eut rien qu'ils ne prétendissent en tirer.

Dem. Tous demeurerent-ils dans le même préjugé ?

Resp. Quelques-uns tenterent d'arriver par la méditation à la connoissance de la Nature. Et ce fut ceux-là qu'on apella *Physiciens*. Mais s'étant mis à juger de tous les objets sensibles par les sentimens qu'ils avoient à leur présence ; & non point par l'idée véritable qui représente tous les Corps, la fausseté de la régle rendit la méditation inutile ; & bien loin de faire du progrés dans la Physique, ils en broüillerent tous les principes : ce qui fit qu'elle ne put être d'aucun usage à la Medecine.

Dem. Ne s'apliqua-t-on point à connoître plus particuliérement les causes des maladies du Corps humain ?

Resp. Pour les connoître & pouvoir juger des remédes qui lui conviennent, on chercha ce qui y étoit renfermé ; & l'Anatomie devint célébre. Mais les Anatomistes n'étant pas exacts, s'arrêtant à ce qu'il y avoit de sensible, & ne raisonnant point sur l'idée de l'étenduë, ils ne purent pas beaucoup contribuër à faire de bons Medecins. C'est pourquoi l'Antiquité en a été si dépourvûë. Car quelque opinion qu'on ait des *Hypocrates*, on ne trouve dans leurs écrits que des observations, quelquefois assez bonnes, mais toûjours sans principes & sans raisonnemens.

Dem. Pourroit on avec le secours d'une solide Physique, & d'une exacte Anatomie, venir à une connoissance parfaite de la Medecine ?

Resp. Pour y parvenir, il faudroit non seulement connoître le détail des innombrables petits canaux, & petits ressorts qui entrent dans la construction du Corps humain, & d'où dépend la circulation des humeurs; mais encore sçavoir exactement le raport que tous les remédes imaginables ont avec nos corps, & précisément la disposition actuelle de ces mêmes corps; ce qui est infiniment au-delà de la portée de tout Esprit fini. Mais cela n'empêche pas que ceux qui sur de bons principes étudient la Physique & l'Anatomie, ne puissent après beaucoup d'expériences travailler avec succés pour la santé du Corps humain : quoi qu'il y ait bien des ocasions où il ne soit pas en leur pouvoir de réüssir, tant à cause de l'état où se trouve la machine, qu'à cause que tout ce qu'elle renferme est abstrus.

Dem. Les hommes n'eurent-ils des précautions à prendre que contre les maladies corporelles ?

Resp. Pendant que les uns s'apliquoient à ce qui peut rendre la vie commode & agréable, à se conserver & à vivre : les autres peu contens de leur état, emploierent pour se mettre plus à leur aise & plus au large, ou la fraude, ou la violence. Alors le plus grand nombre se sentant menacé, le danger en excita quelques-uns à s'élever au dessus du sensible, & à consulter la Loi de justice, qui doit unir tous les hommes. Conduits par cette Loi, ils proposerent des réglemens : & comme ce fut le plus grand nombre qui les reçut &

les apuia, il n'y eut plus de contrevenant qui osât se déclarer, & qui ne fût intimidé par les peines décernées contre lui. Ce fut ainsi que commença la *Jurisprudence*, dont l'origine & la nature font assez comprendre que les Rois, & tous les Chefs des Peuples ont eu interêt à s'en instruire les premiers. Or les réglemens qu'on avoit faits ne pouvant avoir un bon succés, que par la proportion qu'ils avoient avec ceux pour qui on les faisoit, la diversité des Nations, des génies, & des âges, y aporta une grande varieté : ils varierent encore par les changemens qui arriverent à divers Peuples, & ils ne pûrent manquer de se multiplier prodigieusement par mile cas où l'on se trouve, & que des Esprits bornez ne peuvent prévoir.

Dem. Ne connut-on pas bien-tôt qu'il ne sufisoit pas d'avertir les hommes, ou de les contraindre pour les soûmettre à la Loi ?

Resp. On le connut si bien, qu'on ne négligea rien pour leur faire de ces impressions qui nous inclinent toûjours à faire ce qu'on souhaite de nous. De là vint l'Eloquence, ou l'art de persuader, qui consiste à figurer diversement le discours, & à sçavoir intimider, éfraïer, encourager, atendrir, irriter, en un mot, faire naître les passions dont on a besoin.

Dem. Ne falut-il que de l'Eloquence pour gagner les Esprits ?

Resp. Chacun sentant qu'il étoit de son intérêt d'unir les uns, de diviser les autres, de se faire aimer de tous, chercha en soi même les moiens de tendre des piéges à l'amour propre. On mit en usage les flateries, les ménagemens, les complaisances ; & il se forma ainsi une autre espéce de science, que nous apellons *Politique*, dont les Chefs de chaque Peuple firent leur science particuliére.

Dem. Pûrent-ils avec leur politique parvenir à tout ce qu'ils se proposoient ?

Resp. Quand elle ne fut pas sufisante, ils y joignirent la force, c'est à dire, qu'on vit beaucoup de ménagement d'une part, & beaucoup de violence de l'autre ; d'où s'ensuivit l'art militaire, que les hommes tirerent en partie de la notion qu'ils avoient des lignes & des nombres, & en partie qu'ils imiterent des moiens dont ils se servoient contre les insultes des bêtes.

Dem. Quelles furent les suites de ce nouvel art ?

Resp. La désolation des terres, & la destruction des hommes. Cependant ceux qui sçurent y réüssir se rendirent célébres ; & le Peuple, soit qu'il les redoutât, ou qu'il les admirât, leur érigea des Statuës, & leur frapa des Médailles, qui sont aujourd'hui une nouvelle espéce de Sçavans par les faits importans qu'elles éclaircissent.

Dem. Ceux-là ne craigrirent-ils point que le tems, malgré les Statuës & les Médailles, ne confondît leurs familles avec celles du commun des hommes ?

Resp. Pour en éviter le danger, ils préparerent pour eux, & pour leurs descendans, des assemblages d'instrumens de guerre, d'animaux, de tout ce qu'il y a dans les arts & dans la nature, peints en toutes les couleurs. Chacun fit son assemblage, qu'il atacha à sa famille. Tout le monde depuis a voulu *blazonner*: & le désir de se distinguer rendant l'imagination féconde de plus en plus, on a mis en couleur, pour se faire valoir, jusqu'aux chimères de l'Esprit humain. L'origine de la Noblesse fut donc oubliée; on ne se souvint plus que la prééminence étoit fondée sur l'obligation de travailler pour le bien public. On voulut de l'éclat & de la grandeur. On laissa les devoirs dont elle dépend. Et comme il est doux d'être grand sans travailler, chacun fit son possible pour parvenir à cét état, & la force en décida.

Dem. Retracez-moi, je vous prie, en peu de mots, la disposition générale du genre humain.

Resp. Tous dés l'origine du monde furent en mouvement. Les uns pour se conserver, pour s'agrandir; les autres pour se distinguer, pour se parer, pour se donner des plaisirs. Ceux-ci pour ataquer: ceux-là pour se défendre. Toutes les sciences, & tous les arts propres à cela se dévelopoient de plus en plus. La seule science de nos devoirs envers le Créateur & le Prochain étoit ignorée. On sçavoit tout, excepté la Théologie & la Morale; quoique ces sciences soient non seulement les plus sublimes, mais encore les seules essentielles à l'homme, considéré comme créature raisonnable.

CHAPITRE VII.

Science d'Adam. Progrés de la corruption. Mauvais éfet de la Philosophie Païenne.

Dem. QUELLE fut la science du premier homme?

Resp. Au même instant qu'il fut formé, toutes les sciences lui furent soumises, avec tous les arts qui en dérivent; parce que son corps étant entièrement soumis à son esprit, il pouvoit sans dificulté comparer tous les raports & des lignes & des nombres,

bres, sur quoi les sciences exactes sont fondées. Mais ce qui se termine au bien du corps n'étoit pas capable de l'ocuper: Il connoissoit distinctement les atributs de son Créateur, & les biens qu'il en recevoit. C'étoit dequoi il s'ocupoit. Il connoissoit parfaitement ses devoirs par raport aux deux parties, le corps & l'ame, dont il étoit composé, & par raport aux atributs divins. C'étoit sa Philosophie.

Dem. Ne perdit-il pas par son péché toutes ces grandes connoissances ?

Resp. Sa desobéïssance fut suivie de la revolte de son corps, & cette revolte d'une multitude de sentimens, qui ne sollicitoient l'ame que pour ce corps. Mais il se souvenoit de l'état d'où il étoit tombé: ses premieres connoissances lui étoient demeurées; & malgré les importunitez de ses sens, malgré les confusions qu'ils jettoient dans son ame, il pouvoit comparer un état avec l'autre, l'état du péché avec celui de l'innocence. On ne peut douter aprés cela qu'il

D

ne marquât continuellement à ses enfans ce qui fait le véritable bonheur de l'homme, la diférence des biens du corps & de ceux de l'ame ; leur dépendance, leur destination, & le reméde qui lui avoit été marqué pour les maux où ils se trouvoient tous également engagez. Il est même certain, qu'instruit & afligé comme il étoit, il leur parloit sur son malheur, & leurs devoirs, de la maniere la plus forte & la plus touchante, & ne disoit rien qui ne répandit une vive lumiere dans leur esprit. Aussi sçavons-nous que plusieurs de ses enfans furent extrêmement touchez de Dieu, & ne tenoient point, pour ainsi dire, à la terre.

Dem. Comment se peut-il donc faire que le plus grand nombre tombât dans les déréglemens horribles que nous sçavons ?

Resp. C'est que n'aiant pas l'expérience qu'avoit leur pere ; & que d'ailleurs les sentimens qu'ils avoient à la présence des corps, les rabaissant continuellement vers celui dont ils étoient chargez, ils perdirent bien-tôt l'atention aux véritez sanctifiantes qui leur avoient été transmises. Alors ils se livrerent à leurs sens, & ne voulurent sçavoir que ce qui pouvoit contribuër au bien du corps. Les idées du vrai bien se broüillerent de plus en plus, & dans la suite des générations les choses alerent de mal en pis. Aussi voions-nous qu'à peine trouvoit-on un homme qui fût fidéle à Dieu.

Dem. Ne faloit-il pas cependant que Dieu éxécutât les desseins qu'il avoit sur le genre humain ?

Resp. Ce fut par cette raison que Dieu ouvrit une nouvelle voie aux hommes. Il les fit rapeller par le recit des choses passées, par des promesses magnifiques, dans lesquelles la vraie Philosophie étoit retracée & proportionnée à tous. Néanmoins peu la reçurent en comparaison de ceux qui la méprisèrent, peu sçurent la soutenir ; elle fut restrainte dans la suite à une seule famille, encore s'y confondoit-elle à tous momens. Pour les Nations, elles suivoient généralement leurs voies, & ne vouloient

D ij

point d'autre loi que celle des sens.

Dem. Avoient-elles perdu l'usage de la Raison ?

Resp. La Raison ou la lumiere naturelle n'a jamais été éteinte dans personne. Mais vous eussiez dit que les hommes ne la consultoient que pour s'enfoncer de plus en plus dans les ténébres. En éfet voulant acorder le sentiment qu'ils avoient de leur dépendance, & je ne sçai quelle idée confuse de vertu qui leur restoit avec leur sensualité, non seulement ils firent autant de Divinitez qu'il y avoit d'êtres, dont ils pensoient recevoir du bien & du mal ; mais encore ils attribuërent à ces Divinitez les passions les plus foles & les plus honteuses, & se réglerent ainsi sur les chiméres qu'ils s'étoient faites.

Dem. Mais n'y eut-il pas des Philosophes ?

Resp. Il est vrai que quelques-uns voulant se distinguer du vulgaire, se mirent à condamner les maximes communes, & à moraliser : mais ces nouveaux Philosophes ne tenant pas le fil des véritez, & étant animez d'un esprit tout contraire à celui qu'elles demandent, ne guérirent de rien par leurs discours, & augmenterent l'orgueil. Ainsi le mal croissoit toûjours, & paroissoit desesperé lors que JESUS-CHRIST parut.

Dem. La Doctrine de JESUS-CHRIST n'a-t-elle pas rétabli la Philosophie & la Théologie primitives ?

Resp. JESUS-CHRIST a aporté toutes les lumieres dont nous avions besoin pour retrouver les voies de la vérité & de la justice. Il s'est proportionné à tous. Cependant dans la suite des tems, des Esprits trop vifs & trop subtils, sous prétexte d'acorder sa Doctrine avec les premiers principes de la Raison, la chargerent de questions épineuses & dificiles. Dans cette vûë ils mirent en œuvre la Philosophie qu'ils avoient héritée des Païens, & on vit paroître une sorte de Théologie qu'on emploie également pour soutenir pour & contre la vérité. Les vaines distinctions, les divisions frivoles s'y sont nécessairement multipliées ; parce que les hommes n'ont pas d'autres moiens pour soutenir leurs préjugez quand une fois ils se sont mis en tête d'acorder de faux principes avec des véritez constantes.

Dem. Qu'est-il arrivé de là ?

Resp. Il en est arrivé que la Morale, qui dépend des idées pures, communes à tous les Esprits, comme les Arts dépendent des Sciences, n'est point traitée avec la clarté & la dignité qu'elle demande.

Dem. Ne sçavons-nous pas assez ce qu'il faut croire & ce qu'il faut faire ?

Resp. Je veux que nous le sçachions. Faute de bons principes, l'Esprit ne reçoit point cette lumiere qui lui convient, & qui lui donne de la force & de l'ardeur. Il est assez étrange que les Sciences, qui n'ont pour but que les biens de la vie présente, se perfectionnent tous les jours ; & que celles d'où dépend la perfection de l'Esprit, soient presque entiérement négligées.

Dem. Par quelles voies pourrai-je m'établir dans les bons principes ?

Resp. Il faut pour cela entrer dans la Métaphysique.

Fin de la Logique.

LA MÉTAPHYSIQUE.

CHAPITRE I.

Comment nous connoissons nôtre ame. Difference de l'idée claire, & du sentiment intérieur. Nos manieres de connoître sont proportionnées à nôtre état.

Dem. Dites'moi, je vous prie, ce que c'est que la Métaphysique.

Resp. C'est la connoissance de la nature des substances & de leurs proprietez : c'est une science qui nous découvre ce que nous sommes & le principe de nos devoirs ; c'est la science des sciences. Sans la Métaphysique, ce qu'on sçait n'est qu'un amas confus, une vanité & une pure affliction d'esprit.

Dem. Combien y a-t-il de sortes de substances que nous pouvons connoître?

Resp. De trois sortes. L'Etre ou Dieu, l'esprit, & le corps. L'Esprit ou l'ame est celle que nous connoissons la premiere.

Dem. Aprenez moi s'il vous plait ce que c'est que l'ame.

Resp. Quand je consulte les anciens Philosophes pour sçavoir ce qu'elle est, les uns me disent que c'est un feu; les autres, que c'est un air; d'autres prétendent que c'est une vapeur; & d'autres, que c'est une harmonie. Si je consulte les modernes ils ne me disent autre chose, sinon que l'ame n'est pas un corps. Les premiers marquent sensiblement qu'ils n'ont consulté que l'idée du corps, lors qu'ils ont voulu parler de l'ame, & qu'ils ont confondu les idées de ces deux substances. Et les autres font bien entendre que l'ame est-ce dont ils n'ont point d'idée claire & distincte.

Dem. Comment aprendrons nous

donc ce que c'est que l'ame ?

Resp. Nous l'aprendrons en consultant à la maniere des Modernes l'idée de la matiere. Car en n'attribuant à la matiere que ce que l'on conçoit clairement renfermé dans l'idée qui la représente, on se trouve rempli de sentimens & de pensées qui n'ont nul raport à cette idée, & qui par conséquent sont nécessairement les modalitez d'une seconde sorte de substance.

Dem. Cela nous aprend-il ce que c'est que l'ame ?

Resp. Non pas précisément ; mais du moins cela nous la fait distinguer d'avec le corps ; ou nous fait voir évidemment qu'il y a deux substances dans l'homme, l'une qui n'est que mobile & divisible, l'autre qui n'est que sensible & pensante.

Dem. Comment donc apellerons-nous l'ame ?

Resp. Nous l'apellerons Esprit. Cela ne veut dire autre chose sinon que l'ame n'est pas un corps. Mais que voulez-vous, il faut se contenter des idées qu'on peut avoir. L'Ame est une intelligence qui ne pouvant être sans se sentir elle même, a pour essence la pensée. Ce n'est pas encore assez pour bien des gens, mais au fond cela sufit.

Dem. Marquez moi, s'il vous plaît, comment cela sufit ?

Resp. C'est assez, ce me semble, que nous connoissions présentement nôtre dépendance & nôtre immortalité, les deux principes de la soûmission à la loi divine, & du détachement des biens de la terre. Or il est certain par tous les sentimens qui se passent en nous sans nous, que l'ame est dépendante. Et quand on a reconnu qu'elle est toute autre chose que le corps, on ne peut douter qu'elle ne soit immortelle.

Dem. Quelle est donc l'idée que nous avons de nôtre ame ?

Resp. Nous en avons une idée qui nous convainc, mais qui ne nous éclaire pas. Nous éprouvons au fond de nous mêmes que nous sentons & que nous pensons. Nous le sçavons avant toute autre chose, & par conséquent la connoissance que nous avons de nôtre ame ou de son existence a non seulement toute la certitude que nous pouvons desirer, mais encore précede toutes les autres connoissances. Souvenez-vous bien que nous connoissons nôtre ame, *certainement*, mais non pas *évidemment* ?

Dem. Quelle différence mettez-vous entre connoître *certainement* & connoître *évidemment* ?

Resp. On connoît *certainement* ce qu'on sent intérieurement sans en pouvoir comparer les raports. On connoît *évidemment* ce qu'on aperçoit, de maniere qu'on en peut mesurer exactement les raports.

Dem. Quels sont ces raports qu'on peut ou qu'on ne peut pas exactement mesurer.

Resp. Ce sont les modalitez de l'ame & les modalitez de l'étenduë. Vous pouvez mesurer exactement un cercle, un triangle, un quarré, & marquer précisément de combien tel cercle ou tel quarré est plus grand ou plus petit que tel autre cercle ou tel autre quarré. Mais pourriez vous mesurer un plaisir ou une douleur, & marquer de combien tel plaisir surpasse un autre plaisir ?

Dem. Pour quoi connoissons nous par des voies si différentes deux substances qui nous regardent également?

Resp. C'est que d'une part nous ne devons nous connoître présentement, qu'autant qu'il faut pour nous convaincre de nos miseres, & découvrir l'état qui nous convient, & que de l'autre nous sommes obligez de travailler sur la matiere pour la conservation de nos corps. L'Idée qu'on a de l'ame est vive & pénétrante, sans porter avec elle cette lumiere qui fait distinguer tant de justes raports; parce qu'encore un coup, nôtre devoir ici bas n'est pas de contempler nos perfections, mais de nous humilier & d'agir conformement à la loy éternelle qui nous est manifestée. Et l'idée du corps ou de la matiere est claire & lumineuse, parce que sans cette clarté on ne pourroit sçavoir les Arts nécessaires à la vie.

Dem. Marquez moi je vous prie, tout ce que peut signifier le mot d'idée.

Resp. On entend par ce mot tout ce qui est présent à l'esprit, c'est à dire, ou un objet immense & immuable & universel, qui emporte l'existence de la chose représentée comme l'idée de l'infini dont nous parlerons après; ou un modele qui tout parfait qu'il est n'a point de liaison nécessaire avec ce qu'il représente, comme l'idée de l'étenduë, dont nous parlerons aussi dans son lieu : ou pour un sentiment intérieur qui ne nous éclaire pas, mais qui nous convainc absolument, comme l'idée de l'ame.

Dem. Quel danger y auroit-il que l'ame pût contempler tout ce qu'elle est & connoître clairement ses perfections ?

Resp. Elle coureroit risque de n'admirer qu'elle même ? Voiez un Géometre, il oublie souvent ses amis, sa femme, ses enfans, il s'oublie presque lui même. Le plaisir de sa science l'emporte; & pourtant les véritez qu'il compare ne sont que des raports de lignes & de nombres, foibles & stériles spéculations. Que seroit ce donc s'il contemploit avec la même clarté l'idée de son ame, idée qui surpasse autant celle de la matiére, que l'ame est au dessus du corps. N'étant pas faits pour nous admirer nous mêmes, la providence du Créateur est telle, que d'une part nos perfections nous sont cachées, afin que nous ne nous tournions que vers nos devoirs ; & que de l'autre nous recevons toutes les idées qui nous sont nécessaires pour nous conduire dans cette vie, afin que la société subsiste. Assurément rien ne pouvoit être plus sagement ordonné.

Dem. Ne faut-il pas cependant que nous connoissions parfaitement ce que nous sommes ?

Resp. Nous le connoîtrons quand nous ne serons plus engagez dans la matiere ; quand rien ne nous empêchera de contempler l'Etre parfait ; quand il nous manifestera tout ce qu'il est. L'Ame alors éfacée pour ainsi dire, par la souveraine beauté, ne songera pas à s'admirer, elle ne pourra s'ocuper que de l'Auteur de son bonheur & de sa gloire.

CHAPITRE II.

Region des Esprits. Comment l'ame est unie au corps. Etat des ames après la mort.

Dem. Peut-on sçavoir où habite l'ame dans le corps ?

Resp. Les uns établissent son siége dans le cerveau ; les autres dans le cœur ; & d'autres n'ont pas trop du corps entier pour la placer. Ces derniers expliquent d'abord comment elle sent & agit par tout le Corps. Les premiers sont obligez de la faire agir comme un Roy qui n'a qu'à donner ses ordres, & qui du lieu où il est, voit qu'on les execute dans toutes les parties de son Roïaume. Tous prennent une fausse régle pour répondre à la question.

Dem. Quelle est cette régle qu'ils prennent.

Resp. Ils jugent de la demeure de l'ame par les sentimens qu'ils éprouvent. Il est vrai que ces sentimens sont autant de preuves invincibles de l'éxistence de l'ame. Mais il faut prendre garde que quelque part où l'on place cette substance, on ne remarquera point de différence dans l'état où l'on se trouve, si on supose qu'elle reçoit toujours les mêmes sentimens par raport à tel corps.

Dem. Mais pouvez-vous vous empécher de croire que c'est vôtre cerveau qui raisonne, & vôtre cœur qui desire?

Resp. Si c'est l'ame qui desire & qui raisonne, le cœur & le cerveau ne font rien : il ne s'agit donc que du lieu où elle desire & raisonne : je ne m'empécherai pas de sentir qu'elle raisonne dans mon cerveau, & qu'elle desire dans mon cœur; mais je m'empécherai bien de juger qu'elle habite ni dans l'un ni dans l'autre, & qu'il y ait une liaison nécessaire entre sa présence en tel lieu, & le sentiment que j'y raporte.

Dem. Ne se pourroit-il point faire absolument, qu'une trace au cerveau fut une pensée, & un mouvement d'esprits animaux, un désir, d'où resulteroient des raisonnemens selon les divers cours & les diverses situations des esprits ?

Resp. Si vous apercevez quelque raport entre une trace & une pensée, quelque ressemblance entre un mouvement de quelques petites parties du sang & un raisonnement, attribuez à la matiere tous vos jugemens & tous vos désirs : mais si vous voiez comme je voi, que ces choses sont si différentes, que rien ne peut être plus différent, plus éloigné, plus dissemblable, ne jugez pas contre vos idées contre ce qui frape le plus vôtre esprit, autrement je n'aurois rien à vous répondre..

Dem. Comment nous y prendrons nous donc pour découvrir la demeure de l'ame ?

Resp. Il faut se souvenir de la différence de l'esprit & du corps. Un Esprit sent, conçoit, aperçoit : un corps n'a plus les mêmes qualitez. Il n'en a point d'autres que d'avoir une certaine étenduë, d'ocuper un certain espace, & de recevoir tels & tels mouvemens. Cette différence des deux natures, leur établit deux demeures bien différentes.

Dem. Pourrois-je dire comme l'homme de la Comédie ? *Le moi qui suis icy & le moi qui suis là ?*

Resp. Parlons sérieusement, il n'y a point deux *moi* en vous. Vôtre *moi*, c'est vôtre esprit ; car c'est lui seul qui reçoit toutes vos idées & tous vos sentimens, qui sont les seules choses où vous vous trouvez vous même.

Dem. Le corps & l'ame ne pourroient-ils pas se communiquer l'un à l'autre leurs qualitez, & habiter ainsi en même region ?

Resp. Par cét accommodement, comme l'ame pourroit habiter dans le corps, le corps pourroit habiter dans l'ame : concevez-vous bien cette alternative d'habitation ? Ou ne concevez-vous pas mieux qu'un esprit n'aiant ni longueur ni largeur ni profondeur ne peut habiter parmi les corps, qui de leur nature sont longs, larges & profonds. Certainement si l'ame residoit dans quelque partie du corps, elle sçauroit du moins quelle est cette partie & comment elle est faite. Elle ne pourroit pas la pénétrer comme on prétend qu'elle fait sans la connoître.

Dem. Où sera donc l'Ame si elle n'est pas dans le Monde corporel ?

Resp. Pendant que vôtre Corps se promene dans des espaces, ne vous apercevez vous pas souvent que vôtre esprit raisonne & fait des comparaisons sur différens raports qui se présentent à lui. C'est là sa maniere de se promener. La lumiere où il découvre ce qu'il compare, est pour lui ce que les espaces sont pour le corps, C'est son habitation.

Dem. L'Esprit ne porte-t-il pas en lui-même sa lumiere, ou n'est-il pas sa lumiere à lui même ?

Resp. Si la lumiere qui conduit l'esprit étoit l'esprit lui-même, il ne verroit rien de distingué de lui même; Ce qui n'est pas ainsi.

Dem. Mais si nous ne voions pas que ce qui nous éclaire soit nous mêmes ; ne sentons nous pas que c'est une chose habitante en nous, & qui fait comme partie de nôtre nature ?

Resp. Ne confondons rien s'il vous plait : Vous concevez une étenduë infinie & vôtre esprit est fini. Le fini peut-il contenir l'infini ?

Dem. Sans contenir l'infini, ne peut-il pas contenir les idées particulieres qui font sa lumiere ?

Resp. Peut-être le pourroit-il, si vous n'aviez pas une infinité de ces petites idées. Car vous concevez par exemple si vous voulez, une infinité de triangles, de cercles & de quarrez différens. Pour loger tant d'idées il faudroit un magazin proportionné ; & malheureusement vôtre esprit aussi bien que le mien a des bornes fort étroites.

Dem. Nôtre lumiere & nos idées étant hors de nous, d'où vient que nous nous les aproprions, sans même que nous pensions à nous les aproprier ?

Resp. Cela vient de ce que toute idée qui agit sur nôtre esprit, produit en nous une perception qui n'est point différente de l'esprit, ou qui est l'esprit même modifié de telle ou telle maniere. On confond l'éfet avec la cause, parce que rien n'est plus intimement uni. Mais pensez y un peu,

& vous verrez que bien que vôtre perception soit vous même, l'objet intérieur que vous apercevez est pourtant fort différent de ce que vous êtes, que vous le voiez sans penser à vous même ; ce qui ne pourroit être s'il en étoit la modification. Vous comprendrez mieux tout cecy dans la suite.

Dem. Que devons nous en conclurre présentement ?

Resp. Vous en conclurez que tous les esprits habitent dans une lumiere immuable, éternelle, commune à tous.

Dem. D'où sçavez-vous qu'elle a toutes ces qualitez ?

Resp. C'est que tous les esprits connoissant les mêmes véritez, & ne les trouvant point en eux mêmes, c'est une nécessité qu'ils participent tous au même objet, & ces véritez n'étant point sujettes au changement, & se présentant à l'esprit comme ne pouvant ni finir ni commencer, il faut que l'objet qui les renferme soit immuable & éternel, un & indivisible.

Dem. Cét objet pourroit-il être autre chose que Dieu même ?

Resp. Il ne le peut pas, puis qu'il a des attributs qui ne conviennent qu'à Dieu. Cét objet est donc Dieu, entant que lumiere, ou sagesse & raison universelle. Aussi n'y a-t-il que Dieu qui soit au dessus des esprits, & qui par conséquent leur puisse donner la perfection qu'ils reçoivent de ce que nous apellons leur lumiere.

Dem. Comment sont donc unis le corps & l'ame qui ont dans leur union des demeures si différentes ?

Resp. Ces deux substances ne pouvant être mélées, ou confonduës ensemble, leur union n'a rien d'aprochant de ce que vous apercevez par les sens. Elle est fondée précisément sur l'action continuelle du Créateur. C'est cette main toute puissante qui forme tout le commerce qui est entre les corps & les esprits, parce qu'elle seule peut agir sur l'une & sur l'autre substance.

Dem. Quelle raison avez vous de l'assurer ainsi ?

Resp. C'est que Dieu seul connoît parfaitement son ouvrage, c'est que lui seul peut en faire ce qu'il lui plait,

& par la connoissance qu'il en a, en tirer ce qu'il s'est proposé.

Dem. En quoi consiste l'action de Dieu sur le corps & l'ame ?

Resp. Les intelligences n'agissant que par leur volonté, l'action du Créateur n'est autre chose qu'une volonté constante d'agir dans une substance, à proportion de ce qui se passe dans l'autre. Ainsi ne pouvant y avoir dans les corps que des mouvemens, ni dans les ames que des sentimens ou des pensées, il faut que Dieu agisse dans l'ame à proportion des mouvemens du corps, & dans le corps à proportion des sentimens ou des pensées de l'ame, d'où resulte l'union de l'un & de l'autre.

Dem. La volonté du Créateur étant constante, comment cette union cesse t-elle ?

Resp. Elle cesse parce que Dieu a voulu qu'elle dépendît d'un principe corporel qui ne peut durer long tems. Ce principe n'est autre chose que l'ébranlement de cette partie du cerveau, où aboutissent tous les nerfs.

Dem. Pour quoi vous arrétez vous

à cette partie plutôt qu'à une autre ?

Resp. C'est que l'expérience fait voir que lorsque l'action d'un objet qui fait impression sur le corps ne se transmet pas jusqu'au cerveau, où elle ne peut se transmettre que par le moïen des nerfs, nous n'avons aucun sentiment de cét objet.

Dem. Mais s'ensuit-il que l'union de l'ame avec le corps dépende de cét ébranlement ?

Resp. C'est de là que dépend cette suite de sentimens & de pensées de l'ame, qui ont raport au corps selon le decret libre & éternel du Créateur. L'union de l'ame & du corps en dépendent, la vie & la mort en dépendent donc aussi.

Dem. Dites-moi, je vous prie, comment nous vivons & nous mourons.

Resp. Pendant que le corps est bien disposé, ou que tous les nerfs, dont les filets s'étendent depuis le cerveau jusqu'aux extremitez du corps, sont en état de recevoir les impressions de dehors, & de les transmettre d'un bout à l'autre, pendant que la circulation
du

du sang se fait bien & qu'il y reste des esprits, tous les mouvemens qui se passent dans les organes sont suivis de divers sentimens de l'ame, qui la déterminent à chercher ce qui peut les perpétuer en elle, s'ils sont agréables; & à éviter ce qui les produit s'ils sont incommodes. L'ame alors est tournée vers le monde présent; & cela s'apelle *vivre*. Mais quand le corps est déconcerté, quand les ressorts par le moien desquels le mouvement des nerfs se communiquoit jusqu'au cerveau ne joüent plus, ou que le sang ne circule plus & ne fournit plus d'esprits, l'ame n'a plus de part au monde, parce qu'alors elle n'a plus de sentiment ni de volonté par raport à un corps, & cela s'apelle *être mort*. Ainsi, dans la vie le Créateur porte continuellement son action du monde où habitent les corps à celui ou habitent les esprits, d'une substance à l'autre; *& dans la mort*, cette correspondance n'a plus lieu par les raisons que nous avons vuës.

Dem. En quel état se trouve l'ame quand cette correspondance a cessé?

Resp. L'Ame alors ne connoît plus les choses humaines, elle ne sçait plus ce que c'est que parens & amis : tout ce qui s'apelle grandeur, magnificence, richesses, non seulement s'éclipse pour elle, mais encore elle ne sçait plus en quoi tout cela consiste. Age, sexe, condition, profession, tout cela lui est inconnu. Ces sortes de connoissances périssent nécessairement avec la cause qui les entretenoit, mais l'ame ne change ni de lieu ni de nature. Elle est toujours *substance qui pense*; & elle habite toujours dans la lumiere qui renferme tous les esprits, en Dieu comme Raison; & de plus comme rémunerateur ou vangeur, lors qu'elle est séparée du corps.

Dem. L'Ame séparée du corps n'aiant plus d'idée de ce qui se passe, ou de ce qui se passoit dans le monde, peut elle connoître ce qu'elle a fait étant unie au corps?

Resp. Elle a reçû des habitudes à proportion des sentimens qu'elle a reçûs & de ses actes réiterez. Ces habitudes lui restent, elle les voit; & toujours pénétrée de la loi vivante sur laquelle nous devons nous conduire, elle connoît si elle est juste ou injuste, & elle sent en même tems, par l'éficace de cette loi, la peine duë à ses desordres, ou la récompense duë à sa justice. Voilà ce que nous présente l'idée d'une créature libre, qui pense & qui raisonne, qui peut choisir entre le bien & le mal.

Dem. Ne se peut-il pas faire que Dieu redonne aux ames les connoissances qu'elles perdent par leur séparation d'avec le corps ?

Resp. Dieu fait ce qu'il lui plaît: & il fait toujours tout ce qui est nécessaire pour la perfection de son ouvrage, & pour punir ou récompenser les ames.

Dem. Ne peut-on point découvrir aussi quelle société les ames séparées de leurs corps ont entr'elles.

Resp. Les ames bien heureuses ont entr'elles une société toute divine. Mais si nous n'avions pas l'expérience du commerce qui peut être entre nous par le moien du corps, aurions nous pû concevoir cét art merveilleux que Dieu a trouvé pour lier les hommes entr'eux, en leur donnant avec l'usage de la parole une infinité de divers sentimens que les uns ont par raport aux autres & qu'ils expriment comme il leur plait? Nous ne devons pas à plus forte raison nous étonner si nous ne concevons pas comment les esprits traitent les uns avec les autres dans la societé éternelle. Nous le sçaurons un jour, & il nous seroit inutile à présent de le sçavoir.

Dem. Croiez-vous que le retour de quelque mort fut inutile pour nous aprendre des nouvelles de l'autre monde?

Resp. Hé que pourroit-on aprendre d'un mort qui se mêleroit de parler? Parleroit-il ce mort à tout le monde? Tout le monde le croiroit-il sur sa parole? Quand on ne rentre pas en soi-même: quand on n'écoute ni la Loy ni les Prophétes, on n'a guére de disposition à croire ce que pourroit dire un mort qu'on prendroit pour un phantôme & qu'on fuiroit comme un spectre. Croiez-moi, vôtre raison conduite par la Foy vous découvrira mieux vos devoirs que ne seroient sous les prodiges que demandent les incredules.

CHAPITRE III.

Objet immediat de l'ame. Sources des ténèbres de l'entendement, & du déréglement de la volonté. Comment le desordre se transmet.

Dem. L'Ame étant seule capable d'apercevoir & de sentir, & habitant une region si différente du monde corporel, comment peut-elle voir ce qui s'y passe ?

Resp. Ne vous y trompez pas, elle ne voit ni ne sent les créatures corporelles en elles mêmes. Le soleil, tous les ouvrages de la nature & de l'art frappent nos yeux, mais leur action ne va point jusqu'à l'ame, qui seule a la faculté de voir. Les petites parties dont est composé ce qu'on apelle *parfums* frapent nos narines, mais elles n'ont point d'accez à l'ame qui seule éprouve les odeurs. Un air agité par des voix ou par des instru-

E ij

mens de musique, agit sur nos oreilles avec une infinité de diférentes proportions, mais cela ne s'étend point jusqu'à la region de l'ame, qui seule éprouve des consonances. Par tous les alimens que nous prenons nôtre palais est agité en mille manieres diférentes ; mais toute cette agitation se termine au cerveau, & ne va point jusqu'où habite l'ame, qui seule est capable de goût. Une infinité de diférens corps touchent & choquent le nôtre. Mais l'ame qui seule peut sentir est comme dans un fort que rien d'extérieur ne peut percer.

Dem. Qu'est-ce donc qu'elle voit & qu'elle sent ?

Resp. Pendant que les nerfs qui sont les organes des sens sont ébranlez ; l'objet qui l'éclaire & qui la pénétre, qui seul est lumiere, ou visible par lui même, se présente à elle sous une infinité de formes diférentes par la varieté des sentimens qu'il lui imprime en conséquence des divers ébranlemens que reçoit le cerveau. C'est à dire, que pendant que les corps se poussent les uns les autres sans se connoître ni se sentir, sans avoir rien d'aprochant de ce qu'on apelle *perception*; l'ame habitante du païs qui lui convient reçoit par l'action & de la seule main de son Créateur, & les biens & les maux qu'elle croit recevoir d'un monde où il n'habite que des corps ténébreux & impuissans : préjugé par lequel son entendement se confond & sa volonté se dérégle.

Dem. Qu'est-ce que l'entendement ?

Resp. C'est la faculté qu'a l'ame de contempler la lumiere commune à tous les esprits.

Dem. Qu'est-ce que la volonté.

Resp. C'est le transport de l'ame vers le bien que sa lumiere lui découvre, ou dont le sentiment l'avertit.

Dem. N'est ce pas l'entendement qui juge & qui discerne le bien ?

Resp. L'Entendement ne juge de rien, il ne fait que recevoir les idées : c'est la volonté qui les compare, qui delibére, qui choisit, qui suit ce qui lui paroit le plus convenable. L'Entendement lui est soûmis, elle tire de lui ce qu'il lui plait.

Dem. L'Ame tire-t'elle d'elle même la volonté ?

Resp. Comme l'ame ne tire d'elle même aucune connoissance, elle ne tient point aussi d'elle même le mouvement qu'elle a pour le bien : cela paroit assez en ce qu'il ne lui est pas libre de l'aimer ou de ne le pas aimer. C'est son Créateur qui la transporte ; & comme il n'y a que lui qui soit le vrai bien, il est évident qu'il ne la peut transporter que vers lui même.

Dem. L'Ame ainsi éclairée de la lumiere de Dieu même, & transportée par la volonté de Dieu vers lui même, peut elle tomber dans l'erreur & dans le déréglement.

Resp. Elle ne le peut que trop ; & ce qui la jette dans le précipice, c'est que selon les loix de la nature elle reçoit à la présence des objets sensibles une infinité de sentimens divers ; seduite par leur vivacité, elle juge que son bonheur en dépend, elle se repose sur ces objets, elle s'y atache, elle les aime, elle devient ainsi esclave des faux biens & passe continuellement de l'un à l'autre.

Dem. Quelles sont ces loix de la nature qui la rendent si esclave?

Resp. Ce sont les loix de la communication des mouvemens & celles de l'union de l'ame & du corps. Par la premiere de ces loix il se fait en conséquence du choc des corps une suite de mouvemens que nulle puissance ne peut suspendre : par la seconde qui n'est pas moins inviolable, les mouvemens qui se transmettent jusqu'à un certain endroit du cerveau sont suivis des sentimens de l'ame.

Dem. Ne peut on malgré ces sentimens chercher le véritable bien?

Resp. Pensez y un peu, vous verrez si nous le pouvons. Nous beuvons, nous mangeons, nous nous promenons, mille objets nous passent devant les yeux, mille autres objets nous frapent les oreilles, il se passe à chaque instant mille & mille mouvemens dans nos corps, comment l'ame ne seroit elle pas dans une espéce d'étourdissement par les sentimens qui sont liez à tant de mouvemens divers? Peut-on aimer invinciblement le plaisir, aimer un corps, n'être solicité que pour lui par les impressions qu'on reçoit de toutes parts ; peut-on dis-je se trouver en cét état, & s'apliquer à un bien qui ne se fait point sentir ?

Dem. Ne peut-on pas s'élever au dessus des sens, & découvrir la vérité ?

Resp. Pour la découvrir il faut de l'atention ; & quelle atenxion peut-on avoir au milieu de tant de sentimens ? Le plaisir & la douleur n'étant que l'ame même diversement modifiée, il faut qu'elle cede à l'un & à l'autre : ses volontez ne sont donc plus déterminées que par ses sentimens. Où pourroit elle aprés cela se porter, sinon vers les objets par lesquels elle goûte une espéce de bonheur, & sans lesquels elle ne sent que des peines ?

Dem. Cét état convient-il à une créature que Dieu n'a faite que pour lui ?

Resp. Il ne lui convient nullement ; mais remarquez que si l'ame est emportée vers les objets sensibles, ce n'est que par les loix de la nature ;

& que non seulement Dieu suspend ces loix quand il lui plait, mais encore que nous ne pouvons y être assujetis que dans un certain état. Une ame juste qui seroit toujours demeurée soûmise à Dieu sans se tourner ni à droit ni à gauche, ne dépendroit point de ces loix, & elles n'auroient lieu en elle qu'autant qu'elle le voudroit pour la conservation de son corps. Il y a une autre loi qui est un ordre inviolable, suivant lequel une ame, qui par sa nature est au dessus du corps, ne peut dépendre des mouvemens de ce même corps, & n'y est par conséquent unie qu'autant & si peu qu'il lui plait, d'autant qu'elle régle ou arrête comme bon lui semble, les mouvemens en conséquence desquels elle a les sentimens qui font toute son union. Mais si cette ame cesse d'être atentive à l'objet dont elle tient tout ce qu'elle est, c'est à dire à son Créateur : si elle n'use pas de tout l'empire qu'elle a sur le corps, si elle donne entrée à des sentimens qui ne manquent point de la tourner vers des créatures fragiles, il est visible qu'elle se dégrade,

& qu'aiant perdu de vue volontairement le vrai bien, elle mérite d'être abandonnée aux loix sur lesquelles est fondée toute l'union qu'elle a avec le corps. C'est l'état où nous nous trouvons aujourd'hui ; nous nous y sommes engagez nous mêmes.

Dem. Pouvons nous dire après cela que nous sommes libres ?

Resp. Nous pouvons choisir entre les faux biens, & nous atacher à l'un ou à l'autre, nous sentons en nous ce pouvoir. Mais pour le souverain bien nous ne pouvons par nous mêmes le préférer à toutes choses.

Dem. En quoi ferons-nous donc consister la liberté ?

Resp. Dans l'homme innocent elle consistoit à pouvoir chercher le bien universel, ou s'arrêter à des biens particuliers : dans l'homme coupable elle consiste à pouvoir passer d'un faux objet à un autre aussi faux ; elle se borne là jusqu'à ce que nous recevions un secours capable de vaincre nôtre corruption.

Dem. Devient-on coupable par une autre voie que par le mauvais usage de la raison & de la liberté ?

Resp. Nos premiers parens ne le sont devenus que par cette voie, mais malheureusement nous le devenons par une suite nécessaire des loix de la nature.

Dem. D'où vient cette nécessité ?

Resp. Si nos premiers parens perdent le pouvoir qu'ils ont sur leur corps, il se formera dans leurs têtes une infinité de traces par l'usage des choses sensibles, & ces traces seront renouvellées à tous momens par le cours des esprits que le sang fournit toujours au cerveau. Or l'enfant qui se forme ne compose qu'une même substance avec sa mere ; & il y a une parfaite communication de toutes les parties du corps de l'une à toutes les parties du corps de l'autre, cela n'est pas contesté. L'Enfant recevra donc les mêmes impressions des choses sensibles & les mêmes traces que sa mere : jusqu'icy c'est la loi de la communication des mouvemens que Dieu ne peut suspendre pour l'enfant qu'il ne la suspende pour la mere, & ces traces sont déja le fonds qui nous reste. Mais de plus, le cerveau de cét enfant est ébranlé par tout ce qui frape les yeux, les oreilles & les autres sens de sa mere. C'est donc une nécessité qu'une ame faite pour être unie à tel corps sente & imagine incontinent par raport à ce corps; puisque c'est la loy de l'union de l'ame & du corps que l'ame ait des sentimens quand le cerveau est ébranlé : ce sont justement ces sentimens qui la dominent & la déréglent.

Dem. Mais pourquoi, n'aiant point encore fait de mal, n'avons nous pas le même pouvoir sur nos corps qu'avoit Adam sur le sien avant qu'il eut péché?

Resp. L'Homme innocent pouvoit empêcher que les mouvemens qui se passoient dans son corps ne se transmissent jusqu'au cerveau, & il régloit comme il lui plaisoit le cours de ses esprits animaux. C'étoit un droit de sa nature par lequel il commandoit à son corps; mais quand une fois il avoit laissé passer le mouvement jusqu'au cerveau, il ne pouvoit plus se soustraire au sentiment, & il l'éprouvoit à proportion de l'ébranlement que son cerveau avoit reçû. Ainsi le cerveau d'un enfant étant ébranlé avant que l'ame y soit unie, & l'étant uniquement par raport aux objets sensibles; il faut qu'au même instant qu'elle est unie, elle soit remplie de ces sentimens confus qui nous empêchent de connoître ce que nous sommes & qui nous détournent du vrai bien.

Dem. Si le premier sentiment d'une ame avoit pour objet, par exemple un *quarré*, seroit il capable de la dérégler?

Resp. Un quarré est un espace borné par quatre lignes, c'est de l'étenduë, c'est quelque chose de corporel, & bien diférent de ce que Dieu est en lui même. Ce n'est pas un objet convenable à une nature intelligente, Dieu ne la peut aimer en cet état; elle n'a nulle société avec Dieu; voilà son malheur.

Dem. Quand l'homme seroit demeuré dans l'innocence, l'union de l'ame & du corps n'eut elle pas toujours commencé de la même maniere?

Resp. Selon cette suposition il y auroit eu tant d'exceptions dans les loix de la nature, qu'on peut assurer que même parmi les corps les choses auroient été tout autrement pour l'homme innocent qu'elles ne sont pour nous : ainsi ne cherchons point ce qui lui seroit arrivé, arrêtons-nous aux éfets des loix naturelles ausquelles nous sommes assujetis.

Dem. Ne peut-on pas du moins sçavoir ce qui fait la diférence de nôtre état & de celui du premier Homme dans l'instant de l'union de nos ames avec nos corps ?

Resp. Dans la création le corps d'Adam n'étant point dominé par un autre, les mouvemens en furent d'abord tellement temperez, que par eux l'ame ne reçût qu'autant de sentiment qu'il lui en faloit pour être avertie qu'elle avoit un corps à gouverner, sans que cela nuisit à son union avec le Créateur : au lieu que le corps d'un enfant, dominé comme il est par celui de sa mere, reçoit de grands mouvemens selon les conséquences du péché, & par conséquent des sentimens qui ne lui laissent pas la liberté de s'ocuper d'autre chose que des corps. On voit assez que la délicatesse des fibres & des organes de cet enfant fait que son cerveau reçoit des secousses violentes, pendant même que celui de la mere n'en reçoit que de fort legeres.

Dem. N'y a-t-il pas encore d'autres éfets du péché du premier Homme ?

Resp. Il nous a ôté une partie du pouvoir que naturellement nous devions avoir sur nos corps en nous assujetissant aux impressions des objets sensibles ; & ce qu'il ne nous a pas ôté, ne nous a plus servi qu'à nous éloigner de plus en plus du souverain bien.

Dem. Qu'est-ce qu'il ne nous a pas ôté ?

Resp. Il nous a laissé le pouvoir de déterminer nos volontez & de produire certains changemens dans nos corps. Il dépend de nous de regarder ou de ne pas regarder tel objet, nous pouvons aler ou ne pas aler en tel lieu, nous pouvons parler ou nous taire. Nous pouvons même determiner en nous le cours des esprits animaux vers certaines traces du cerveau, dont le renouvellement fait ce qu'on apelle *memoire* : Mais aprés avoir reçu les impressions des objets ne voulons nous pas nous y unir, en jouir ? Voulons nous nous souvenir d'autre chose ? Nous sçavons trop l'usage que nous faisons de nos volontez & dans quels précipices elles nous jettent.

Dem. Pourquoi nous ôter & nous laisser en partie le pouvoir que l'ame doit avoir sur son corps ?

Resp. C'est que Dieu en voulant nous punir vouloit nous conserver pour l'éxécution de ses desseins. Selon la loi de l'union de l'ame & du corps, non seulement les mouvemens qui se passent dans le corps sont suivis des sentimens de l'ame ; mais encore nos volontez sont suivies de certains éfets dans nos corps. Or si par la premiere partie de cette loy Dieu avoit un moien tout fait pour nous abandonner à mille & mille incommoditez, aux douleurs, à la mort :

sans la seconde il ne pourroit y avoir de société parmi les hommes, ni de moien par lequel ils puissent mériter leur bonheur, quoi qu'ils en abusent souvent.

Dem. Tout cela ne supose-t-il pas ce que nous ne sçavons que par la foy?

Resp. Ouï, & en même tems ce que l'expérience nous éprend à tous. Car si nous ne sçavons que par la foi que le premier Homme a désobéi au Créateur, nous éprouvons assez le déréglement de nôtre nature par la contradiction de nos connoissances & de nos volontez; & nous voions assez, si nous voulons nous faire justice, que nos assujetissemens sont bien dûs à nos malheureuses dispositions.

CHAPITRE IV.

L'Ame n'est point sans perception. Loix selon lesquelles Dieu agit dans les corps & dans les esprits. Impuissance de l'ame & du corps.

Dem. L'Ame n'étant unie au corps que par le sentiment & la perception, ne peut on pas dire que souvent dans cette vie elle n'y est pas unie, puisque souvent on n'aperçoit, & on ne sent rien, comme il arrive quand on dort ?

Resp. Qui vous a dit qu'on n'a point de perception quand on dort ? Je ne parle pas de vos songes, je parle de vôtre sommeil le plus tranquile ; & je dis que même durant ce sommeil vôtre ame n'est jamais sans penser par raport à des corps. Il reste toujours quelques esprits animaux dans la tête. Ces esprits passent continuellement sur les traces du cerveau ; Donc il ne se peut que l'ame ne pense par raport à des corps, puisque ces traces ne sçauroient être si légèrement touchées, que la perception ne s'enfuive.

Dem. Mais pourquoi ne me souvient-il pas à mon reveil d'avoir aperçû quelque chose ?

Resp. C'est que des traces touchées légèrement sont suivies de perceptions si légéres qu'on ne peut pas s'en souvenir.

Dem. Réverois-je toujours quand je dors ?

Resp. Vous n'en devez pas douter ; & je suis sûr que vous ne vous en mettez guére en peine, pourvû que vous dormiez bien.

Dem. Quand commencent tous ces sentimens en nous ?

Resp. Ils y commencent avec l'éxistence de l'ame. Le corps n'est pas plûtôt entierement formé que la partie du cerveau qui en est le complement, & sur laquelle est fondée l'union des deux substances reçoit quelque mouvement, qui selon la loi de l'union, qui commence alors, est suivi d'un sentiment dans l'ame qui existe dans cét instant, c'est alors qu'il y a un homme nouveau, un nouvel être composé de corps & d'esprit, un nouveau Citoien de la terre & du Ciel selon la nature des deux substances qui le composent : Il se trouve situé au milieu des loix de la nature, par les unes atiré vers la terre, par les autres pouvant en quelque sorte s'élever à la Raison.

Dem. Combien y a-t-il de ces loix ?

Resp. Nous en connoissons quatre. La premiere, c'est la loi de la communication des mouvemens, par laquelle un corps qui en choque un autre partage avec lui son mouvement, de maniere que si plusieurs corps se rencontrent & se choquent en même tems, le mouvement se distribuë selon la masse de chacun d'eux, chacun en perdant autant qu'il en communique. La seconde, c'est la loi de l'union de l'ame & du corps, suivant laquelle l'ame a des sentimens à proportion des mouvemens qui se passent dans le corps : & le corps reciproquement reçoit des mouvemens en conséquence des volontez de l'ame : ainsi, cette loi se divise, & on en peut faire deux.

La quatrième, c'est la loi de l'union, de l'esprit avec la Raison universelle de toutes les intelligences, par laquelle l'ame reçoit des idées & des connoissances en conséquence de son atention.

Dem. D'où vient qu'il y a tant d'inconveniens pour nous dans ces loix?

Resp. C'est que Dieu a moins d'égard à nos commoditez qu'à ce qui est digne de lui. Si dans la suite de ces loix Dieu trouve la gloire qu'il se propose, & si nous mêmes, parmi les inconveniens qui en sont inséparables, nous y trouvons une source de bonheur & de gloire; de maniere que tout bien comparé, rien ne soit plus capable de nous elever si haut, il me semble que nous n'aurons pas sujet de nous plaindre. Toute la dificulté qu'on peut avoir à acorder la sagesse d'un Dieu qui prévoit tout & qui n'agit que pour sa gloire, avec un ouvrage qui se corromp, & qui ne peut de lui même que se corrompre de plus en plus, se dissipe à la vûë du reméde prevû avec l'ouvrage.

Dem. Quel est-ce reméde?

Resp. C'est Jesus - Christ : C'est tout ce que la Religion nous propose. Sans Jesus-Christ l'Ouvrage de Dieu de quelque maniere qu'on le conçoive n'approcheroit jamais de la dignité qu'il reçoit par Jesus - Christ, vous le verrez dans la suite.

Dem. En quoi consistent les loix de l'ordre naturel ?

Resp. Ces loix ne sont autre chose que la volonté du Créateur, réglée comme il lui a plû de la regler. Elles dépendent absolument de lui : il a voulu & il veut constamment ; voilà son action ; de là dépend tout l'ordre de la nature. Il semble que le Créateur ne fasse plus rien, & il est le seul qui agit.

Dem. Nos ames n'agissent elles pas dans nos corps ?

Resp. Vôtre ame pense, veut, aperçoit : mais elle n'a point d'efficace propre. Le corps reçoit des mouvemens, & le Créateur agit en elle : elle veut, & le Créateur agit dans le corps : elle est attentive, & le Créateur lui donne des idées. Ne pensez-donc pas que bien que vos volontez soient suivies sur le champ de certains éfets, vôtre ame soit la cause réelle & immediate de ces éfets, ou les produise immediatement par elle méme, car cela n'est pas ainsi.

Dem. Donnez-moi quelque preuve sensible de ce principe.

Resp. Vous atribuez à l'action de vôtre ame les mouvemens de vôtre corps. Mais par exemple, sçavez-vous, ou vôtre ame sçait-elle ce qu'il faut faire pour remuer le bras ; sçait elle la quantité des esprits, nécessaire, & la force dont ils doivent être poussez pour produire tel mouvement ? Sçait-elle les canaux pour où ces esprits doivent passer, & les ressorts qui doivent joüer pour tel ou pour tel éfet ? Vous m'avoüerez que vôtre ame ne sçait point tout cela. Avoüez donc aussi qu'elle ne remuë pas vôtre bras ; puisque pour faire une chose il faut du moins la sçavoir faire.

Dem. L'Ame sans toutes ces connoissances ne pourroit-elle pas donner la vie au corps, précisément, parce qu'elle est ame ?

F

Resp. L'Ame ne peut que penser, vouloir & sentir. Elle ne fera pas penser le corps, elle ne le fera pas vouloir, elle ne trouve pas en lui un sujet propre à recevoir le sentiment: ce qui convient au corps ne convient point à l'ame, & ne se trouve en elle en aucune maniere, elle ne le lui donnera donc pas.

Dem. Peut-on aussi reconnoître sensiblement que le corps n'agit point dans l'ame?

Resp. Ce qui pense & connoît est sans doute au dessus de ce qui n'est capable que de mouvemens & de figures. Le corps est donc inférieur à l'ame; s'il lui est inférieur, il ne peut pas la rendre heureuse ou malheureuse, produire en elle du plaisir ou de la douleur, agir immédiatement en elle. Il est évident, ce me semble, que nous ne pouvons recevoir ou du bien ou du mal que de ce qui agit en nous, & que toute action réelle produit toujours l'un ou l'autre. On n'a pas toujours trop de tort de penser, que les corps se communiquent leurs mouvemens dans le moment de leur rencontre : il paroît entr'eux assez de raport pour cela. Mais juger que les mouvemens du cerveau & les pensées de l'ame ont une liaison nécessaire, c'est unir ce qui est le plus oposé, c'est se figurer l'incomprehensible. Souvenez-vous de la région des esprits, & vous ne jugerez pas que les corps les puissent joindre, ni qu'ils puissent par eux mêmes remuer les corps.

Dem. D'où vient donc qu'on est si persuadé que l'ame fait tout dans le corps ?

Resp. C'est que Dieu ne manque jamais d'y agir dans l'instant que l'ame a une volonté pratique par raport à tel éfet. Les hommes paresseux & sensibles tombent de là dans une double erreur. Ils s'imaginent que l'ame agit immédiatement sur le corps ; & ils la placent dans le corps, n'y aiant rien de plus naturel, que de penser qu'une chose est dans le lieu où elle agit. On dispute quelquefois touchant le lieu particulier qui lui convient ; mais comme d'une part on juge bien, que de la matiere ne peut *sentir* ; & que de l'autre on éprouve des sentimens dans toutes les parties du corps, on la répand communément par tout le corps. De là les ténébres & la confusion que nous trouvons dans toutes les sciences qui ont le plus de raport à l'homme. Il ne tient qu'à vous de l'éviter. Peut-être vous apercevez-vous déja que la Philosophie & la Religion visent au même but, & que s'il y a quelque diférence entr'elles c'est que l'une nous develope ce que l'autre ne fait que nous proposer. L'homme n'est que ténébres à lui même ; il n'a que la corruption & l'impuissance en partage. La Religion nous le dit ainsi ; la Philosophie nous le prouve & acheve de nous en convaincre.

CHAPITRE V.

Le Modéle de la maniere. Sa réalité ne dépend point de l'existence des corps. Il les représente tous selon toute leur méchanique.

Dem. Retracez-moi, je vous prie, par quelles voies nous connoissons l'ame & le corps ?

Resp. L'Ame se connoît par un raisonnement qu'un sentiment intérieur lui fait faire. Car en s'apercevant qu'elle pense, elle se dit à elle même, Le néant n'a point de propriété : je pense ; donc je ne suis pas un néant ; & de ce qu'elle pense, il lui est impossible de douter qu'elle existe : elle ne trouve pas la même liaison entre l'idée qu'elle a des corps & leur existence ; elle voit au contraire qu'il peut n'en exister aucun quoi qu'elle ait l'idée de tous : mais en récompense il ne manque rien à cette idée, & elle y trouve tout ce qu'elle peut desirer : au lieu que le sentiment intérieur par lequel elle se connoît, la laisse dans une obscurité désolante par raport à elle même.

Dem. Quelle est cette idée par laquelle on connoît les corps ?

Resp. C'est cette étenduë que chacun de nous conçoit comme il lui paît, & qui est inséparable de l'esprit. Quand vous fermez les yeux, vous concevez si vous voulez, une étenduë à laquelle vous ne donnez que les bornes qu'il vous plaît, vous pouvez la concevoir toujours plus grande & plus grande; ou toujours plus petite, & plus petite: Vous pouvez y concevoir à l'infini toutes sortes de figures en la divisant par la pensée, & en la bornant d'une telle ou telle maniere. C'est dis-je cette étenduë dont vôtre esprit fait ce qu'il lui plait, qui est l'idée de tous les corps, & le modéle parfait de tout le monde corporel ?

Dem. Ce modéle est-il créé avec nous ?

Resp. Pour peu que vous y pensiez, vous verrez qu'il est incréé: il ne change point, il est infini: il est donc bien diférent de vôtre ame & de la matiere qui sont des êtres finis & sujets à tant de changemens: or ce qui est infini & immuable doit passer pour incréé; aussi voiez-vous bien qu'il étoit avant vous, & qu'il sera encore aprés.

Dem. La matiere ne peut elle pas exister sans ce modéle ?

Resp. Sur quoi le Créateur l'auroit-il formée, si ce modéle ne lui avoit été toujours présent. Vous avez oui parler de l'Archetype du monde, c'est le modéle que Dieu a consulté quand il a fait le monde.

Dem. Est-ce dans ce modéle que nous voions l'existence de la matiere ?

Resp. C'est en lui que vous découvrez toutes les figures & toutes les proportions que peut recevoir la matiere. Mais il ne vous en découvre point l'existence : nous ne la connoissons que par les sentimens que nous éprouvons continuellement par raport à mille & mille diférens corps.

Dem. Nos sentimens nous assurent-ils mieux de l'existence de la matiere que la présence de son modéle ?

Resp. Nous n'en pouvons être assurez, ni par l'une ni par l'autre voie. Comme vous pourriez contempler le modele de la matiere, tel que vous le contemplez sans qu'il y eut un grain de matiere : de même vous pourriez éprouver toutes sortes de sentimens sans qu'il y eut rien de créé que vous même. La matiere n'agit point sur l'ame, vous le sçavez. C'est Dieu seul qui nous imprime les sentimens que nous éprouvons à la pré-

F iiij

sence des corps. Il pourroit sans contredit nous imprimer les mêmes sentimens, & n'avoir rien créé de materiel.

Dem. Aprés cela ne serons nous pas bien fondez à douter qu'il y ait des corps ?

Resp. Vous n'avez point encore douté qu'il y en ait ; je vous assure que vous n'en douterez pas encore. La suite & l'enchaînement de nos idées sensibles est tel, qu'il nous convainc parfaitement de la présence des corps, & qu'il l'emporte infiniment sur toutes les démonstrations de leur éxistence.

Dem. Mais aprés tout, sans avoir des corps, ne pourrions-nous pas croire être des hommes composez de corps & d'ame ?

Resp. Nous le pourrions, puisque nos sentimens ne dépendent point absolument de nos corps. Mais pour cela vous ne devez pas vous soubçonner d'être pur esprit. Dieu n'a voulu agir dans vôtre ame qu'en conséquence des mouvemens d'un corps qui par cette raison apartient à cette ame.

Il nous a assurez lui même qu'il l'avoit voulu ainsi & pour vous & pour moi & pour tout le reste des hommes.

Dem. Comment sçavez-vous que Dieu a formé le monde sur le même modéle que nous voions ?

Resp. C'est qu'il est évident que celui là lui a sufi, & qu'étant immense, immuable, éternel, incréé, il est nécessairement unique.

Dem. Mais Dieu a-t-il besoin d'un modéle pour agir ?

Resp. Si Dieu n'agit qu'après avoir connu ce que sera son ouvrage, il faut bien qu'il en ait un modéle ; mais ce modéle n'est pas hors de lui, c'est sa propre substance ; ainsi, avant que d'agir il ne contemple & ne consulte que lui même.

Dem. Sçavons-nous comment Dieu consulte ce modéle ?

Resp. En le consultant à nôtre maniere, nous y concevons clairement des lignes, des superficies, des solides ; des parties longues, branchuës, spirales, rondes, pointuës, si grandes & si petites que nous voulons;

nous y concevons une infinité de raports de distance, toutes sortes de combinaisons de parties, toutes sortes de liaisons & de ressorts. Dieu voit pour le moins ce que nous voions; & connoissant la figure, la grosseur, l'arrangement que doivent avoir des parties pour composer tel ou tel corps; sçachant de plus donner à toutes ces parties & à toutes ces figures toutes les combinaisons qu'elles peuvent recevoir, il est évident qu'il peut se représenter tel monde qu'il lui plaira, & que sa volonté étant toujours éficace, il y aura dés qu'il le voudra, au dehors de lui un assemblage de diférens corps, qui répondra exactement au plan qu'il en aura tracé en lui même. Dieu a voulu ainsi ce monde, le voila fait.

Dem. Les diférens corps dont il est composé ne sont-ils pas faits de diférente matiere ?

Resp. Comme Dieu pour le créer n'a consulté que le même modéle, la même étenduë idéale; c'est aussi la même matiere qui est le sujet commun de tous les corps, ils ne sont pour ainsi dire qu'un même corps façonné icy & là en une infinité de diférentes manieres.

Dem. Le feu & l'eau seroient-ils faits de la même matiére?

Resp. Par tout c'est la même, renduë fluide, renduë solide, renduë dure, renduë molle, renduë lumineuse, renduë transparente, revetuë d'une infinité de diverses formes, selon les figures & les combinaisons dont les parties sont capables. Si vous n'avez l'idée que d'une sorte d'étenduë, vous ne devez pas suposer plus d'une sorte de matiere.

Dem. N'a-t-il falu à Dieu que de la matiere pour former les corps vivans?

Resp. Si Dieu sçait d'une portion de matiere faire de la chair, des os, du sang, des liens, des ressorts, des canaux, diverses sortes d'humeurs, s'il sçait unir tout cela, & y mettre d'assez justes raports, il pourra former des animaux sans emploier autre chose que de la matiere.

Dem. Mais de la matiere seule peut elle marcher, ramper, nager, voler, crier, fuïr, s'aprocher, manger, travailler, engendrer ?

Resp. Pour tout cela il ne faut que des tuiaux bien disposez, des ressorts bien ajustez, des esprits animaux bien distribuez. Ce qui fait nôtre embarras à la veuë des animaux, c'est que nous ne sçavons pas assez la méchanique, si nous la sçavions divinement, nous sçaurions, non seulement de quelle maniere doit être arrangée une portion de matiere, afin que de cet arrangement il resulte tel ou tel animal ; mais encore quels ressorts y doivent jouër, & la maniere dont ils joüent pour produire tel ou tel mouvement, nous verrions que le mouvement d'un leger grain de matiere sufit pour faire chercher ou fuïr à chaque animal ce qui est utile ou contraire à sa conservation.

Dem. Ne peut on pas dire aussi, que si nous sçavions divinement la Méchanique, nous verrions qu'il faut quelque chose de plus que de la matiere dans les animaux, pour y produire leurs mouvemens & leurs actions?

Resp. On ne le peut pas, puis qu'à la faveur du modéle qui est présent à nôtre esprit, nous voions clairement, si nous voulons voir, qu'il peut y avoir tel arrangement de matiere dont les éfets seront encore plus merveilleux que tout ce que nous voions dans les animaux les plus prévoians & les plus adroits, si c'est une sagesse infinie qui s'en mêle.

Dem. N'y auroit-il point à craindre qu'on ne pût dire par ce principe que le corps humain lui même n'est que de la pure matiere ?

Resp. Craindriez-vous de ne pas faire assez d'honneur à vôtre corps si vous n'en aviez que cette opinion ? Je voi ce qui vous trompe : comme vous sçavez que vos mouvemens sont ordinairement acompagnez de volontez & de sentimens qui ne peuvent être des éfets de la matiere, vous jugez que les animaux aiant à peu prés les mêmes mouvemens que vous, ils ont à peu prés aussi les mêmes sentimens & les mêmes volontez, & par conséquent qu'ils ne sont pas des êtres purement corporels ; c'est à dire, que vous vous consultez vous même pour juger de leur nature. Mais aprenez une bonne fois, que vos mouvemens n'ont point de liaison néceſſaire avec vos ſentimens & vos volontez, comme l'expérience le fait ſouvent voir, & que vôtre ame ne les produiſant point par les raiſons que nous avons déja vûës, ils ne peuvent être que les éfets de la parfaite méchanique de vôtre Corps.

Dem. Comment joüe cette Méchanique?

Resp. Repréſentez-vous une grande maſſe de matiere taillée en diférens corps particuliers, qui nagent tous, pour ainſi dire, dans une partie de la même maſſe, renduë fluide. Il ne ſe peut que tous ces corps n'agiſſent les uns ſur les autres, ſoit par la matiere qui en refléchit, ſoit par les parties qui s'en exhalent, ſoit par l'agitation qu'ils donnent au fluide environnant. Par cette action continuelle & réciproque, il ſe fait dans les Corps organiſez un débandement de reſſorts, qui fait aler ou venir ces corps, ſelon que les objets qui les environnent leur ſont utiles ou nuiſibles. Voila en général la Méchanique des corps vivans.

Dem. Mais les animaux se souviennent ; comment se fait en eux le souvenir ?

Resp. Par la même action que je viens de vous marquer, il se forme des traces sur leur cerveau lesquelles sont entretenuës par un cours continuel d'esprits que le sang produit : & autant de fois que les esprits passent sur ces traces, autant de fois il se fait un nouveau débandement de ressorts, qui fait fuïr à ces animaux ce qui leur est contraire, & chercher ce qui est propre pour leur conservation. Ainsi, vous pouvez regarder les hommes, les femmes, tous les animaux, grands & petits, comme autant de têtes qui tiennent les unes aux autres par une infinité de filets tres délicats, mais toujours assez forts pour les ébranler autant qu'il est nécessaire, & les remplir de ces traces qu'elles reçoivent les unes des autres & des objets parmi lesquels elles se trouvent rangées. C'est dans ces traces que vous devez chercher le fond de la mémoire.

Dem. N'y a-t-il point dans les

animaux beaucoup d'espéces de ces traces ?

Resp. Il y en a de naturelles & d'aquises.

Dem. Quels sont les éfets des traces naturelles ?

Resp. Ce sont la sympathie ou l'antipathie, la régularité & l'exactitude qu'a chacun d'eux à chercher ce qui convient à son espéce.

Dem. Et les traces aquises, que produisent-elles ?

Resp. Elles leur font chercher ou éviter tout ce qui leur a été favorable ou contraire, & elles les disposent à tous ces mouvemens qui sont si utiles dans la vie humaine, ou qui servent du moins à réjouïr les hommes. Par les traces naturelles, par exemple, les animaux des deux sexes se recherchent & ont soin de leurs petits. Par les traces aquises un Chien, par exemple, s'agite dans l'absence de son maître, crie & se plaint, quand on le tient enfermé, évite les lieux où il a été maltraité, retourne à ceux où il a été bien reçû, en veut à tel qui lui a fait du mal, s'abaisse devant celui qui le corrige & le nourrit : Par les mêmes traces il cherche ce qui est perdu, il le raporte, il ne veut point quitter son maître, il fretille & fait des fauts & des courbettes à son retour.

Dem. Peut-on sçavoir selon quel ordre ces traces se réveillent ?

Resp. L'Animal ordinairement ne reçoit pas pour une trace : il en reçoit plusieurs à la fois qui ont raport à un même fait. Entre ces traces il y en a une principale ; c'est pour l'ordinaire celle-là qui se reveille la prémiere ; & les autres comme *accessoires* la suivent. Néanmoins il sufit souvent qu'une de ces accessoires se reveille pour faire rouvrir celles qui se sont formées avec elle : à l'instant même on voit l'animal faire divers mouvemens, par raport à l'objet qui les a causées : en conséquence de la construction de sa machine les esprits animaux se répandent dans les canaux qui leur ont été préparés ; & faisant jouër mille différens ressorts produisent tous ces éfets qui marquent beaucoup plus, si vous y prenez garde, la présence d'une main toute puissante, & d'une intelligence infinie que d'une intelligence bornée.

CHAPITRE VI.

Les animaux n'ont point d'ame sensible. Raisons des préjugez volontaire & involontaire où l'on est à cet égard. Terme de la nature corporelle.

Dem. NE sera-t-il plus permis d'attribuër des ames aux animaux ?

Resp. Vous pouvez leur en attribuër ; mais de celles qui ne consistent que dans une matiere subtile & insinuante, qui les fait mouvoir en toutes les manieres qui leur sont convenables, chacun selon la disposition de ses parties & la force de ses muscles. Pour d'autres sortes d'ames ils s'en passeront s'il leur plaît.

Dem. N'y a-t-il rien d'extérieur dans les animaux qui puisse faire juger qu'ils n'ont point d'ame sensible ?

Resp. Si vous y prenez garde, vous

verrez qu'ils font souvent plus ou moins que vous ou moi ne faisons. Observez, par exemple, ce que fait un cheval quand on le saigne ; il fait continuellement ce qu'il peut pour se tirer des mains du Maréchal : vous n'en usez pas ainsi avec le Chirurgien qui vous ouvre la vene ; & la raison de cette diférence est que vous avez une ame & que le cheval n'en a point. Il n'a que sa machine qui tend toujours à éviter ce qui la dérange actuellement ; mais vous, avec vôtre machine vous avez une ame qui en arrête les mouvemens.

Dem. Ne fait on pas aussi en sorte qu'un cheval arrête les siens ?

Resp. S'il les arrête c'est qu'il a reçû des traces de quelques coups de bâton : alors des deux impressions la plus forte le détermine à s'arrêter ou à regimber ; & cela précisément par les loix de la plus pure méchanique.

Dem. Mais ne voit-on pas des animaux qui agissent avec autant ou plus d'exactitude, de régularité & d'uniformité que les hommes ?

Resp. On en voit tous les jours ;

& c'est cela même qui prouve que vous avez une ame, & que les animaux n'en ont point : Vôtre Corps est monté dans son espéce comme les leurs. Mais à la vûë d'un bien ou d'un mal, ou en conséquence des plaisirs ou des douleurs que vous éprouvez, vous avez diverses volontez, par raport à ce corps. Ces volontez suivant la loi de l'union de l'ame & du corps, sont suivies de certains éfets ; & concourant avec la loi de la communication des mouvemens, elles en détournent, en précipitent ou en font cesser le cours à certains égards : voilà ce qui fait varier vôtre conduite & celle des autres hommes ; au lieu que les animaux n'aiant que la seule construction de leur machine, vont toujours le même train, & sont uniformes en tout.

Dem. Peut-on juger qu'une Machine, pure machine, puisse produire son semblable ?

Resp. Ne jugez pas qu'un animal qui vient de naître soit l'ouvrage d'un autre animal ; il est fait avant l'action des deux séxes, & elle ne sert qu'à lui donner un dégré d'acroissement, d'où il vient peu à peu d'informe & d'imperceptible qu'il étoit, à son état de perfection. C'est une opinion aujourd'hui fort établie ; & si par le moien du microscope nous découvrons des fleurs toutes formées dans l'oignon d'une Tulipe, on peut bien penser que chaque femelle d'animal contient en elle des animaux, dont chacun tout petit qu'il est contient son germe, comme chacune de ces petites fleurs renferme son oignon : c'est ce que vous verrez dans la Physique. Mais que le nouvel animal soit formé dans l'instant qu'on s'imagine, ce ne sera pas la connoissance du pere & de la mere qui l'aura produit : on sçait assez que la connoissance ne fait rien là ; ce ne sera pas aussi le sentiment, c'est quelque chose de trop confus pour produire un ouvrage si régulier. Les animaux n'aportent donc du leur dans la génération que du mouvement ; cela est du ressort des machines.

Dem. Pourquoi donc sommes nous si portez à leur attribuer des sentimens, tels que nous en éprouvons ?

Resp. C'est que sans ce préjugé nous ne les secourerions pas assez promptement dans le besoin ; ils se plaindroient & nous ririons de leurs plaintes. Vous voiez bien que les creatures étant faites pour leur mutuelle conservation, il est à propos par exemple, que le chien caresse son Maître, & que le Maître juge que son chien l'aime, afin que l'un & l'autre entrent dans l'ordre que le Créateur a établi. Outre donc le jeu des ressorts qui se débandent dans l'un & dans l'autre, & d'où resulte ce qu'on apelle caresses & empressemens, le Maître est touché pour son chien par un éfet de l'union de l'ame & du corps, & il lui attribuë la faculté de sentir & de connoître, telle qu'il l'éprouve actuellement en lui même : c'est un éfet de la providence du Créateur. N'avezvous jamais entendu une femme lier conversation avec son chien & lui faire dire en le caressant les mêmes choses qu'elle auroit répondues si elle avoit été en sa place, pourvuë de sentiment & de connoissance ? Tout cela nait d'un bon principe pour le chien.

La Métaphysique. 143

Dem. Cela étant, n'est-il pas inutile de sçavoir s'il est ou s'il n'est pas une machine ?

Resp. Il n'est jamais inutile de sçavoir ce que les choses sont en elles mêmes : & vous verrez dans la suite que c'est de là que dépend tout l'ordre d'une vie raisonnable. Quand il s'agit de la conservation d'un animal, suivez le préjugé qui vous lui fait attribuër du sentiment & de la connoissance : mais quand vous voudrez raisonner, gardez vous bien de lui attribuër ni l'un ni l'autre, autrement vous confondrez tout.

Dem. Mais quoique vous me prouviez qu'ils peuvent n'en pas avoir, sçavez-vous bien s'ils n'en ont pas ?

Resp. Vous êtes persuadé que les animaux ne sont faits que pour la terre, qu'ils sont incapables de mérite & de déréglement, que le tems les corromp, ou qu'ils se détruisent les uns les autres, pourriez vous donc croire qu'ils fussent déterminez par des volontez dont ils fussent les maîtres, par des douleurs & des plaisirs ; & qu'ils éprouvassent aussi ce qui ne peut être que la peine ou la récompense des natures intelligentes & incorruptibles ? Si vous y prenez garde, c'est la plus grande contradiction qu'on puisse mettre dans la conduite du Créateur. Ce que nous apellons ame, étant plus noble que le corps, il n'est pas possible que Dieu en ait créé aucune pour ne servir qu'à boire & à manger, ou pour être elle même la nourriture des corps. Ce seroit un renversement de tout ordre.

Dem. Mais ce renversement ne se trouve-t-il pas dans l'homme ?

Resp. Il s'y trouve ; mais Dieu ne la pas fait ; il s'y trouve par une suite du péché de l'homme même : péché qui ne regarde en aucune maniere les animaux qui sont d'une autre nature.

Dem. D'où vient que les Philosophes ont tant de peine à s'acorder en ce point ?

Resp. Dans le fond ils sont tous d'acord : le sentiment que je viens de vous proposer supose une puissance motrice qui produise tous les mouvemens que nous voions dans les corps vivans ; tous conviennent sur cette puissance.

puissance. Mais plusieurs en font l'ame des animaux & partie de leur nature, au lieu de la chercher dans le Créateur, qui seul connoit son ouvrage, & peut en faire ce qu'il lui plait.

Dem. Pourquoi prennent-ils ce parti ?

Resp. C'est que par ce mot *d'Ame*, ils expliquent tout & n'éxaminent rien, ils se dispensent de consulter l'idée de l'étendue & de suivre des principes exacts : c'est un éfet de leur paresse, & de leur peu d'amour pour la vérité.

Dem. N'y aura-t-il donc que du mouvement dans la nature corporelle ?

Resp. La matiere n'est pas capable d'autre chose : mais le mouvement sufit pour la diviser en une infinité de diférens corps & pour la rendre féconde.

Dem. Sufit-il aussi pour la rendre telle que nous la voions ?

Resp. Le mouvement ne peut produire que des figures sourdes, muetes, insensibles, envelopées d'une épaisse nuit. Mais si vous suposez un esprit, sur lequel la puissance qui donne le mouvement à tous les corps, agisse selon les mouvemens que tel ou tel corps reçoit ; en même tems voila un Monde éclatant & lumineux, des figures animées, des millions de beautez & d'agrémens répandus par tout : mais souvenez vous que tout se passe alors entre Dieu & l'esprit : c'est Dieu, qui seul intelligible par lui même, donne tout ? C'est l'Esprit, qui seul intelligent entre les créatures, reçoit tout ce qu'on apelle éclat, lumiere, couleurs, beauté : & tout consiste en idées d'une part que Dieu présente à cet Esprit, & de l'autre en sentimens que reçoit l'esprit par l'impression de ces idées.

Dem. Quand est-ce qu'un Monde si beau se découvre à l'esprit ?

Resp. Concevez que vôtre corps est situé au milieu de tous ceux qui composent le monde materiel, & que là recevant une infinité d'impressions diférentes de tous les corps environnans, il reçoit des ébranlemens, qui selon sa méchanique se transmettent jusqu'à tel ou tel endroit du cerveau. Il n'importe pas quel est cet endroit ;

quel qu'il soit, c'est le terme de la nature corporelle, & il n'est pas plutôt ébranlé, que l'esprit pour qui vôtre corps à été fait, aperçoit un monde qu'il prend pour celui où son Corps habite, mais qui en éfet en est plus diférent que les esprits ne sont diférens des corps. Les animaux qui reçoivent les mêmes impressions que vous, des objets extérieurs, viennent avec vous jusqu'aux ébranlemens du cerveau & à ses traces; mais ils vous quittent là, parce qu'ils ne sont faits que pour le monde des corps. Peut-être comprenez-vous déja ce que la Religion vous a apris par avance, que la Terre n'est point vôtre demeure, que c'est la region des ténébres, & que le monde entier avec tout son fracas ne peut vous faire ni bien ni mal. Mais pour vous contenter l'esprit, il faut vous faire connoître le fond de vos idées, & vous ramener aux sources de vos sentimens & de vos connoissances: pour cela il faut nous élever à la contemplation de l'Infini, & creuser dans l'Etre autant qu'il nous sera possible.

CHAPITRE VII.

L'Idée que nous avons de l'Infini est la preuve de son existence. Diverses manieres dont il se découvre à nous.

Dem. CE mot d'Etre m'embarrasse. Qu'est-ce que c'est qu'Etre?

Resp. Il n'y a rien que vous connoissiez tant que l'Etre. Avez vous quelque idée de ce qui n'est pas? L'Etre est ce qui est ou ce qui existe.

Dem. Y a-t-il un Etre qui soit plus grand que tous les autres, qui ait toutes les perfections & qui n'ait nulle imperfection?

Resp. Vous avez déja l'idée de l'Etre que vous cherchez. Car sans cette idée vous n'auriez pas dit ce que vous venez de dire.

Dem. Ne puis-je pas avoir cette idée sans qu'il y ait un Etre si parfait?

Resp. Cette idée est l'Etre lui même, en voici la preuve. Cette idée est infinie, vous y découvrez un fond inépuisable d'idées particulieres, vous y apercevez l'Infini en tous sens. Or il n'y a pas deux infinis. Donc l'idée que vous avez, & l'Etre ou l'Infini sont la même chose : c'est pour quoi je vous ai dit ailleurs qu'il y a une liaison nécessaire entre l'existence de l'Etre ou de l'Infini, & l'idée tres claire qu'on en a.

Dem. Cette idée ne pourroit-elle pas être une chimére, un rien ?

Resp. Elle vous représente des perfections infinies : le rien peut-il avoir cette propriété ? Et n'est-il pas évident au contraire que la source des réalitez ne se trouve nulle part si ce n'est dans une idée si parfaite ?

Dem. Mais aperçois-je véritablement tout ce que vous me dites que j'aperçois ?

Resp. Je m'en raporte à vous même. Ne concevez vous pas un Etre qui ne reçoit rien, & duquel tous les autres reçoivent, un être dans lequel tous les autres ont leur origine, qui leur communique autant de perfections qu'il lui plait & qui ne s'épuise point : si vous concevez tout cela clairement, rien n'est plus réel que vôtre idée ?

Dem. Mais n'est-ce pas moi même qui forme cette idée ? N'est-elle pas l'ouvrage de mon esprit ?

Resp. Cette idée est parfaite, & vôtre esprit est imparfait. Cette idée est infinie, & vôtre esprit est fini. Voiez, s'il peut y avoir tant de disproportion de l'ouvrage à l'ouvrier ?

Dem. N'est-il pas vrai cependant que j'apelle ou que je renvoie cette idée comme il me plait ?

Resp. Mais où est-elle quand vous l'apellez ? Où va-t-elle quand vous la renvoiez ? Croiez moi, cette idée vous est toujours présente, puisque sans que vous pensiez à elle, elle agit sur vous & vous rend raisonnable. Quand par exemple, vous faites des raisonnemens sur le plus & sur le moins, sur le parfait & l'imparfait : quand vous mesurez & calculez, quand vous jugez & comparez, pensez-vous alors qu'il y ait une idée infinie qui vous soit présente ? Vous n'y pensez pas ; cependant c'est d'elle que vôtre esprit tire dequoi faire ses calculs & ses comparaisons : & vous ne pouvez douter qu'elle ne soit l'Infini lui même, puisque vous pouvez calculer & comparer à l'Infini.

Dem. Vouloir calculer & raisonner n'est-ce pas la même chose que de penser à cette idée ?

Resp. C'est la même chose, je le veux : mais vous aviseriez vous de compter & calculer, si vous n'aviez déja l'idée des nombres ? La volonté de comparer tels & tels raports supose l'idée de ces raports, vous le sçavez. Il est donc certain que l'Infini vous est présent, & que son idée vous pénétre dans le tems même que vous n'y pensez pas, ou plutôt, que vous ne croiez pas y penser. Mais ce qui nous trompe, c'est que l'Infini ne nous afectant d'une maniere à nous en faire apercevoir, qu'en conséquence de nôtre atention, nous jugeons qu'il est l'ouvrage de nôtre volonté, parce que nôtre atention l'est toujours ; & de plus qu'il n'est point diférent de nôtre ame, parce que nous eprouvons qu'elle en est toute pénétrée, au moment que nous voulons y penser : jugez s'il peut y avoir une source plus féconde d'erreur.

Dem. Que peut on oposer au penchant que nous y avons ?

Resp. Il faut se demander à soi même, d'où vient que tous les esprits conviennent sur certaines véritez & certaines loix de justice. En y pensant sérieusement on voit que c'est qu'il y a une lumiere qui se communique à tous & qui ne se partage point. On se régle sur cette lumiere, & on juge en tous tems & par tout païs, de la même façon. Or comme elle nous découvre des véritez innombrables, des véritez plus anciennes que nos connoissances, & dans lesquelles nous ne concevons ni commencement ni fin, des loix nécessaires & indispensables; on peut bien penser qu'elle n'est point diférente de l'Etre, ou de l'Infini. L'idée de perfection que nous fournit cette lumiere, prouve assez son abondance, sa plenitude, son infinité, son existence réelle.

Dem. L'étenduë infinie, la lumiere infinie, les perfections infinies que mon esprit aperçoit sont elles le même infini ?

Resp. Puis qu'il ne peut y avoir plus d'un infini, c'est nécessairement le même qui dans l'infinité de ses perfections se découvre à vous selon l'une ou selon l'autre. Quand vous apercevez une étenduë sans bornes, c'est l'Infini qui se présente à vous selon qu'il représente les perfections des corps, perfections qui se reduisent aux raports de distance que l'on conçoit dans l'étenduë. Quand vous comparez des nombres, quand vous ajoutez, que vous divisez, que vous multipliez autant qu'il vous plaît, c'est l'Infini qui dans son unité vous représente tous les raports d'égalité, ou d'inégalité que vous pouvez concevoir.

Dem. Cet Infini en étenduë ou en nombres, est-il l'Etre infiniment parfait ?

Resp. Le modéle de l'étenduë, & l'idée des nombres n'ont pas toutes les perfections : ainsi, l'on n'aperçoit l'Etre parfait que lors qu'on regarde l'Infini selon ce qu'il est en lui même, comme infiniment infini.

Dem. Cet infini étant Dieu même, puis qu'il n'y a que Dieu qui soit l'Être parfait, comment se peut-il faire que nous le voïons dés cette vie ?

Resp. Pour le voir selon tout ce qu'il est en lui même, il faut n'avoir plus rien à démêler avec le corps ; Mais puis qu'il n'y a que sa substance qui soit intelligible par elle même, il a bien falu qu'il se découvrit à nous dés à présent, selon le raport qu'il a aux créatures, & selon ce qui nous est nécessaire pour nous conduire. Vous devez avoir compris que la lumiere qui nous rend raisonnables ne se trouve qu'en lui, & que nulle créature n'est capable d'agir en nous.

CHAPITRE VIII.

Nous ne pouvons dire ce que c'est que l'Infini : Nous concevons ses perfections & nous n'en comprenons aucune.

Dem. TOut Etre étant ou corps ou esprit, comment devons nous regarder l'Infini ?

Resp. L'Infini étant infiniment au dessus de tous les Etres particuliers, il n'est ni corps ni esprit. On lui donne pourtant le nom d'Esprit ; mais c'est pour faire entendre qu'il n'y a rien en lui de tout ce qui tombe sous les sens : car il y a infiniment plus de distance des esprits à lui, que des corps aux Esprits. C'est une troisiéme sorte de substance que l'infinité de ses perfections cache à des Esprits bornez. Elle est telle, que bien qu'elle nous pénétre, & se présente à nous de toutes parts, nous ne pouvons dire son nom, ni exprimer sa nature.

Dem. Peut on sçavoir comment

elle n'est ni corps ni esprit ?

Resp. L'Infini, tout représentatif qu'il est des Corps ou de la matiere, n'est ni long, ni large, ni profond. Il a les perfections des Corps, & n'en a point les limitations : donc il est infiniment au dessus des Corps. L'Infini, bien que modéle des Esprits, ne pense pas comme les Esprits : il a toutes leurs perfections & n'a point les limitations de leurs pensées ; donc l'Infini est infiniment au dessus des Esprits. Voilà comment il différe de ces deux sortes de substances.

Dem. L'Infini contiendroit-il l'étenduë qui est la perfection des corps ?

Resp. L'Infini contient toutes les réalitez ; l'étenduë est une réalité ; donc l'étenduë se trouve dans l'infini : mais elle s'y trouve comme perfection de la créature corporelle & non pas selon la limitation de la même créature.

Dem. Où habite cét Etre infini ?

Resp. Il habite en lui même : il est par tout où sont les corps, & par tout où sont les Esprits ; mais nous voions assez par la lumiere qui nous éclaire, qu'il les passe tous infiniment ; il n'est où sont les uns & les autres, que parce que tous sont en lui & qu'il les pénétre tous : jugez combien s'étend au delà des espaces celui qui crée les espaces.

Dem. Comment apellez-vous l'Infini entant que présent à tous les Corps, & répandu infiniment au delà ?

Resp. Je l'apelle l'immensité de l'Etre parfait.

Dem. Cette immensité n'est elle pas la même chose que l'étenduë infinie que je conçois ?

Resp. L'Etenduë que vous concevez est le modéle des Corps, & l'immensité est ce qui contient les Corps. Cela est fort diférent, comme les Esprits habitent en Dieu entant qu'il est intelligible ou Raison, & non pas entant qu'il est leur exemplaire & leur archétype : de même les Corps sont contenus dans la substance de Dieu, non pas entant qu'elle a les perfections de l'étenduë, mais entant qu'elle est immense.

Dem. Un être répandu parmi des corps, qui les contient & les pénétre, peut-il n'être pas corporel ?

Resp. De cela seul que Dieu pénétre les corps, il est évident qu'il n'est point corporel ; car comment les pénétreroit il sans les grossir ? Deux pieds d'étenduë, par exemple, peuvent ils n'en faire qu'un ?

Dem. Ne seroit-ce point par cette raison que peut-être Dieu ne pénétre les corps qu'en ce sens qu'il les conserve ?

Resp. Si Dieu conserve les corps c'est en agissant en eux ; & certainement il est tout entier où il agit : Un être fini, suposé dans un lieu, ne sçauroit être immatériel ni également grand dans toutes les parties de ce lieu. Il faut qu'il suive la condition de sa nature, qui est d'être plus grand dans un grand espace que dans un petit : C'est ce qui a fait dire que *les êtres spirituels n'ocupent point de lieu* * mais ce qui ne s'accorde pas avec la nature d'un Etre borné, s'acorde parfaitement dans l'Infini. Dieu est en tous lieux, & pourtant il n'ocupe au-

* Spiritualia non sunt in loco. Boëce.

cun lieu, ni réel ni imaginaire : Il est par tout réellement, parce qu'il agit par tout immédiatement par lui même ; mais par tout ce n'est que sa Majesté & sa puissance qui l'environnent. *Deus ubique totus non locorum spatio sed majestatis * potentiâ.* Ce qui fait icy nôtre embarras, c'est que des esprits bornez ne peuvent pas comprendre les proprietez de l'Infini, ni comment il acorde en lui ce qui repugne dans les créatures.

Dem. Que nous n'y comprenions rien, ne devons nous pas du moins voir qu'il n'y a point en lui de contradiction ?

Resp. C'est aussi ce que nous voions si nous voulons voir : Vous ne comprenez pas comment la substance divine est présente en tous lieux sans extention locale, mais vous concevez clairement qu'étant parfaite elle n'est point localement étenduë, & doit être présente par tout. Il en est de l'unité, de la simplicité, de l'éternité & de tous les autres atributs comme de l'immensité. Si vous compreniez comment ils se trouvent dans l'Infini, vous seriez infini vous même par la proportion que vous auriez avec lui ; ou il deviendroit fini par celle qu'il auroit avec vous : il sufit que vous conceviez clairement qu'il les a.

Dem. Comment apercevons nous son unité ?

Resp. L'Infini est toutes choses éminemment : cependant il est un, puisque consideré en tous les sens que l'on voudra, il n'est toujours que l'Infini, l'Etre tout court.

Dem. Ne peut on rien dire de plus de sa simplicité ?

Resp. Il renferme les idées de tous les Etres, & il est infiniment simple, parce qu'il est infiniment parfait. Comme il renferme toutes les perfections, chaque perfection le renferme tout entier ; vous n'en sçaurez pas davantage. Mais la multiplicité même des idées distinctes qu'il nous présente, est la preuve de sa simplicité, puisque tant d'idées se confondroient nécessairement, si elles ne se trouvoient pas dans une substance infiniment simple.

Dem. Et de son éternité qu'en connoissons nous ?

Resp. N'y aiant point dans l'Infini, de succession de pensées, puisque cette succession qui supose dans une pensée le néant d'une autre pensée, est le propre des êtres limitez, il faut que dans chaque instant il comprenne avec lui même qui ne commence jamais, & la suite de tous les siécles, & tout ce que toutes les intelligences ne peuvent que successivement ou connoître ou penser. Il renferme ainsi dans chaque moment toute l'éternité, & n'en fait qu'un même moment. Cela ne se comprend pas, mais on voit que cela est ainsi. Si vous avez encore quelque dificulté touchant l'immensité divine telle que je viens de vous l'expliquer, comparez la avec l'éternité, dont vous recevez sans peine la notion. La matiere est divisible à l'infini, & Dieu est tout entier dans chaque partie, comme son existence est toute entiere dans chaque moment qui passe dans son éternité. Le tems est dans l'éternité, le monde est aussi dans l'immensité de Dieu ;

L'immensité divine contient le monde, sans être étenduë localement, comme l'éternité de Dieu n'enferme point de succession de tems; ni passé ni futur, ne se trouve dans celle-ci, ni grand ni petit, ne se trouve dans celle là. Tout est présent dans l'une: tout est égal, simple, & infini dans l'autre: suivez ce que l'idée de l'Infini vous présente, & ne jugez jamais de ses attributs sur l'idée des créatures, vous ne vous trompez point.

CHAPITRE IX.

Diférence infinie entre le monde & l'Infini. Le monde tel qu'il est exprime les perfections de l'Infini.

Dem. L'Infini ne seroit-il point tout ce que je conçois, tout ce que je connois, tout ce que je voi?

Resp. Vous n'apercevez, vous ne sentez, vous ne connoissez que par la présence de l'Infini: mais tout ce qui se passe en vous & ce qui environne vôtre corps est bien diferent de l'Infini.

Dem. Nos ames & nos corps ne pourroient-ils pas en être des parties ?

Resp. Comment acorderiez vous la simplicité avec cet assemblage ? Mais que trouvez vous dans les ames & dans les corps, qu'un amas confus de biens & de maux, de plaisirs & de douleurs, de renversemens, de malheurs, d'infirmitez, de désordres. Cela peut il entrer dans l'idée d'un Etre infiniment parfait, d'un Etre souverainement heureux, qui se connoît parfaitement, & qui se sufit pleinement à lui même ?

Dem. L'Infini étant tel, pourquoi a-t-il fait un monde si diférent de ce qu'il est ?

Resp. Le monde, tout diférent qu'il est de son auteur, exprime parfaitement ses atributs ou ses perfections infinies ; & peut être acorderez-vous à l'Etre parfait la liberté de produire au dehors ce qui lui rend témoignage de son abondance & de tout ce qu'il est.

Dem. Faites moi voir, je vous

prie, comment le monde est si digne de son auteur ?

Resp. Représentez vous l'Etre infini plein du dessein de produire un grand Ouvrage : une infinité se présentent à lui tout à la fois avec les moiens par lesquels il peut les achever : il compare ces ouvrages & ces moiens, en les comparant il découvre tout ce qui peut exprimer non seulement sa puissance & sa grandeur, mais encore sa sagesse, sa fécondité, sa prévoiance, son immutabilité. Il n'a égard qu'à cela ; & il commence l'ouvrage où cette expression se trouve la plus parfaite, ou du moins celui qui ne peut être surpassé par aucun autre.

Dem. Comment sçavez-vous que Dieu a ainsi tout prévû & tout comparé ?

Resp. C'est qu'étant l'exemplaire de tous les êtres particuliers, ou que les idées de tous les mondes possibles étant comprises dans sa substance, il ne se peut qu'il ne les ait toujours contemplées, puis qu'il ne peut pas ne se pas connoître & ne se pas contempler lui même. D'où il s'enfuit qu'aiant voulu créer des corps & des esprits ? il a connu parfaitement la nature des uns & des autres, les moiens d'agir en eux, & la suite de ces moiens.

Dem. Peut-on sçavoir quels sont ces moiens ?

Resp. Nulle intelligence bornée ne peut les prévoir. Mais l'expérience nous les a découverts aprés l'ouvrage. Nous voions que Dieu agit sur les corps selon qu'ils se choquent les uns les autres, qu'il agit dans le corps selon les volontez de l'ame, & dans l'ame selon les mouvemens que reçoit le corps, ou selon l'atention qu'elle aporte aux idées qu'elle peut contempler. Par ces loix, qu'il s'est faites à lui même, il conserve & entretient le monde qu'il a créé.

Dem. N'y a-t-il que Dieu qui agisse dans les corps & dans les esprits?

Resp. N'y aiant que Dieu qui les crée, il est clair qu'il n'y a que Dieu qui puisse y aporter du changement. Une créature ne mettra pas en mouvement un corps que le Créateur crée en repos ; & elle ne donnera pas du sentiment à une ame créée dans l'indolence ; ce seroit un conflict de puissance trop inégal. Dieu agit ordinairement par les créatures, mais pour d'éficace propre, elles n'en peuvent pas avoir.

Dem. Trouvez-vous que Dieu agisse en être immuable dans tous les changemens qu'il produit dans ses créatures ?

Resp. Puisque c'est une seule & même volonté qui suit toujours la même régle d'agir sur les corps & sur les esprits dans telles & telles circonstances, & plus ou moins selon ces mêmes circonstances, tout ce que Dieu fait, quelque changement qu'il en arrive, répond parfaitement à son immutabilité.

Dem. Mais si Dieu agit sans avoir égard aux circonstances qui nous sont connuës, que penserons nous ?

Resp. Il faudra penser, qu'il agit dans d'autres circonstances également prévuës, quoique nous ne les connoissions pas ; & qu'ainsi c'est toujours la même volonté conduite par la même sagesse, qui éxécute son ouvrage. Mais ce n'est pas seulement l'immutabilité qu'on découvre dans cet ouvrage, tous les atributs de la divinité s'y manifestent à ceux qui s'y rendent atentifs.

Dem. Où découvre-t-on le plus la puissance ?

Resp. Dans cette action qui arange la matiere en tant de façons diférentes qu'on voit une infinité de formes qui se succédent les unes aux autres dans les corps. On la découvre dans cette action qui imprime à l'ame tant de divers sentimens par raport à une même matiere.

Dem. En quoi paroît la sagesse ?

Resp. Dans cette même action, qui traitant chaque chose selon sa nature, les corps comme des causes nécessaires, & les esprits comme des causes libres, combine si juste les éfets qu'elle produit dans les uns & dans les autres, qu'elle arrive heureusement à sa fin.

Dem. Où découvre-t-on la justice ?

Resp. Dans cette action encore, qui fait la distribution des biens & des maux conformément à l'état où tous les hommes se trouvent, qui donne des biens qui tournent en mal aux méchans, & des maux qui tournent en bien aux justes.

Dem. Où remarque-t-on la bonté ?

Resp. Dans cette action qui nous prévient en toutes manieres, qui nous prépare ce qui conduit à la perfection & au bonheur, qui dans nos maux mêmes nous ménage dequoi nous rendre heureux. Si aprés cela vous considerez un Etre qui n'a qu'à vouloir pour faire ce qu'il lui plait, qui par l'éficace de sa volonté change continuellement la face de toute la nature, & qui au dessus des agitations que son action produit dans les corps & dans les esprits demeure dans un repos imperturbable, toujours invariable dans sa conduite, ne se méprenant & ne se démentant jamais, vous avoüerez que la majesté éclate sur tous les atributs que nous exprime son Ouvrage.

Dem.

Dem. Mais que sert cette expression pour le commun des hommes qui ne la connoissent pas?

Resp. Que tous les Esprits, si vous voulez, ne connoissent rien dans l'Ouvrage de Dieu, cet ouvrage n'en est ni moins magnifique, ni moins divin. Dieu s'y complait, il y voit des traits de tout ce qu'il est parfaitement marquez, cela lui sufit. Sa gloire ne dépend point des considerations de ses créatures.

Dem. Quelque expression que vous trouviez des perfections divines dans les créatures, n'est-il pas vrai qu'elles n'ont encore nulle proportion avec la sainteté & l'infinité de leur auteur?

Resp. J'en conviens, pendant que vous les regardez dans leur état naturel; mais vous verrez que Dieu en les formant a eu en veuë un sanctificateur qui leur donne toute la dignité que demande l'action qui les a formées, qui fait que la divinité est glorifiée, non seulement en la maniere que je viens de vous marquer; mais encore infiniment au delà de tout ce que nous pouvons comprendre, d'une maniere qui mérite toute la complaisance divine.

Dem. Dieu se complaisant ainsi dans son Ouvrage n'a-t-il pas dû le créer de toute éternité ?

Resp. La dépendance essentielle aux créatures s'acorde trop mal avec l'Eternité, Dieu les a créées dans le tems.

Dem. Mais ne concevons nous pas clairement que la matiere est éternelle ?

Resp. Prenez garde, vous confondez l'idée avec la chose, l'idée de la matiere, l'étenduë idéale avec la matiere même. Voila l'écueil des Philosophes : ils confondent deux choses infiniment diférentes. L'étenduë idéale est éternelle, immense, incréée : cela paroit clairement à l'esprit : mais on ne voit pas de même que la matiere créée ait toujours été ?

Dem. Mais Dieu n'a-t-il pas pû de toute éternité créer le monde ?

Resp. Il l'a pû, puis qu'il n'a jamais été sans sa volonté qui donne l'éxistence à tous les êtres, mais il nous aprend qu'il ne l'a pas fait : & nous voions clairement qu'il a pû ne le pas faire, & même qu'il n'a pas dû le faire.

Dem. Pourquoi n'a-t-il pas dû le faire ?

Resp. Que penseriez-vous de la créature si elle étoit éternelle ? Croiriez-vous que Dieu eût pû s'en passer ? Pourriez-vous vous empêcher de croire qu'elle fut une émanation nécessaire de la divinité. Or Dieu qui n'agit que pour sa gloire se doit à lui même de ne pas traiter la créature comme si elle étoit égale à lui, comme s'il avoit besoin d'elle : quelque honneur qu'il sçache tirer de son Ouvrage, il faut qu'il demeure une éternité sans le former. Par là il fait voir qu'il se sufit à lui même, qu'il n'aime invinciblement que ses propres perfections, & que ce qu'il produit au dehors ne fait que lui représenter ce qu'il posséde pleinement dans son être. C'est donc faire injure à Dieu que d'atribuër à son Ouvrage l'éternité ; c'est ôter au monde le caractére de dépendance qui lui convient : & on n'est pas plus raisonnable de lui atribuër l'infinité en étenduë ; c'est encore un caractére qui ne convient point à la créature. Ceux qui aiment mieux imaginer un nombre infini de tourbillons & des espaces infinis, que de borner la matiere fort diférente encore un coup, de l'étenduë qui est l'objet de leur esprit, n'y pensent pas sérieusement.

CHAPITRE X.

Toutes les véritez sont renfermées dans l'Infini. Elles ne dépendent point de la volonté de Dieu.

Dem. Toutes les idées qui nous éclairent aiant pour sujet commun l'Infini, comment se peut il qu'on ait tant de pensées particulieres sans penser à l'infini, ou sans sçavoir qu'il est présent ?

Resp. C'est que l'objet particulier, & nos propres perceptions nous ocupent entierement ; nous sçavons, & il est vrai, que nous ne vivons que par l'action de Dieu en nous, pensons nous pour cela toujours à Dieu ?

Dem. Mais est il nécessaire que nos perceptions soient autre chose que nos idées ?

Resp. Si vous ne pouvez voir en vous même ce que vous voiez, il faut bien que vos idées & vos perceptions soient des choses tres diférentes ; vôtre idée est l'objet intérieur ; vôtre perception est l'impression que vous en recevez. Cette impression vous trompe : vous croiez voir en elle ce qui ne peut être que dans l'objet qui la produit.

Dem. Que renferme cét objet ?

Resp. Il renferme les véritez de la Géometrie, de l'Arithmétique, de la Philosophie, toutes les véritez, les immuables, & les changeantes.

Dem. Voudriez vous faire de l'Infini un Maître d'Arithmétique & de Géométrie ?

Resp. Je ne veux autre chose sinon que l'Infini soit la source de toute vérité. Si vous aimez mieux qu'il soit vôtre Maître en Morale, qu'en Géométrie, à la bonne heure ; c'est la disposition où vous devez être, & qu'il demande de vous : mais soufrez que toute lumiere vienne de lui, & que nous ne soions que ténébres à nous mêmes.

Dem. N'est il pas vrai cependant que les raisonnemens qu'on fait sur des véritez, comprennent en eux ces véritez ; & que le raisonnement n'est point ailleurs que dans l'ame de celui qui raisonne ?

Resp. Point d'équivoque s'il se peut : le raisonnement supose des idées qui soient présentes, & un esprit qui compare ces idées : cette comparaison supose une impression reçuë, & une volonté qui l'atache à tels & tels raports de l'idée. L'impression reçuë & la volonté sont dans l'ame, elles sont l'ame même modifiée d'une telle ou telle maniere ; mais les idées aperçuës, & les raports comparez sont fort diférens de ce qu'elle est.

Dem. Mais où sont les véritez ?

Resp. Elles sont où sont les idées : car les véritez ne sont que les raports que les idées ont entr'elles, soit véritez Géométriques, soit véritez numériques, soit véritez Métaphysiques : en un mot, elles sont dans cette lumiere commune à tous les Esprits, que nous consultons quand il nous plait, & que nous apellons la *Raison*.

Dem. Quelles sont les véritez Géométriques ?

Resp. Ce sont les raports qui se trouvent entre les figures qu'on conçoit dans l'étenduë idéale.

Dem. Quelles sont les véritez numériques ?

Resp. Ce sont les raports qui sont entre les nombres que l'Infini dans son unité découvre à l'esprit.

Dem. Quelles sont les véritez Métaphysiques ?

Resp. Ce sont les raports qui se trouvent entre les idées des êtres de différente nature comme du corps & de l'ame.

Dem. Tous ces raports sont ils de même nature ?

Resp. Ceux qui sont entre les lignes & les nombres sont raports d'égalité ; les autres sont raports de perfection, qui en se découvrant à l'Esprit deviennent des loix ausquelles il faut qu'il se soûmette, sur lesquelles il faut qu'il régle ses jugemens & ses inclinations ; loix inviolables, que

Dieu lui même ne peut changer.

Dem. Tout ne dépend-il pas de la volonté de Dieu?

Resp. Dieu fait tout ce qu'il veut, & rien ne se fait que par sa volonté; cela est incontestable : mais si par exemple, Dieu n'avoit pas voulu que deux & deux fussent quatre, quel nombre resulteroit de deux & deux. Si Dieu avoit voulu qu'une montagne fût sans valée, comment seroit elle faite cette montagne : & s'il avoit fait le corps superieur à l'ame, quel auroit été le sort de ces deux substances ? Si vous prenez garde que les idées des nombres, du corps, & de l'ame ne sont pas en vous, mais qu'elles sont comprises dans la substance de l'Infini, vous verrez clairement que les véritez qui en sont les raports sont indépendantes de sa volonté comme son être même en est indépendant : & certainement on ne peut nier que ces raports soient nécessaires, éternels, immuables, sans faire violence, pour ainsi dire, à toutes les idées qui se présentent à l'esprit, sans renverser toutes les sciences, sans ancantir la Morale,

& mettre la confusion dans toute la vie humaine.

Dem. Mais conçoit-on bien que Dieu ne puisse pas quelque chose ?

Resp. Non, cela ne se conçoit pas : mais on conçoit parfaitement que Dieu ne peut traiter les êtres que selon leur essence & leur nature. Dieu n'empêchera pas, par exemple, que des boules entassées ne laissent entr'elles des espaces triangulaires, & s'il remplit ces espaces, ce ne sera pas avec d'autres boules, puisque le rond & le triangle ne peuvent pas s'ajuster ? Mais il est clair que ce que Dieu en cela ne fera pas, viendra du raport que les corps ont les uns avec les autres, & nullement de défaut de sagesse ou de puissance.

Dem. Connoissons nous bien les raports que les idées des êtres ont entr'elles ?

Resp. Ceux d'égalité nous sont parfaitement connus. Ceux de perfection nous le sont peu. Nous connoissons exactement le raport d'une figure de Géométrie à une autre figure, ou d'un nombre à un autre nombre;

mais nous ne pouvons sçavoir de combien la nature de l'ame surpasse celle du corps ; c'est un raport de perfection qui nous est caché dans cette vie, & qu'en éfet il n'est pas nécessaire que nous connoissions, nous sufisant pour régler nos jugemens & nos préférences, de connoitre clairement qu'une substance qui pense est plus parfaite qu'une substance qui ne peut recevoir que des mouvemens & des figures.

Dem. La volonté de Dieu ne peut elle pas rendre éternel, nécessaire, immuable ce qu'il lui plaît ?

Resp. Elle le peut, j'y consens : mais elle peut aussi ne point user de ce pouvoir. Pour sçavoir si elle est telle ou telle, il faudroit que nous en eussions une idée claire ; & vous sçavez qu'elle ne nous est connuë qu'autant que Dieu nous la révéle.

Dem. Mais si le fait est constant cela ne sufit-il pas ?

Resp. Le fait est, que les véritez de Mathématique & de Morale sont éternelles & nécessaires, mais il est tres faux que ce soit la volonté de

Dieu qui les ait rendues telles : autrement cette volonté étant tres libre, nous pourrions penser que peut-être un jour deux triangles ne seroient pas compris dans un quarré, & qu'un, deux & trois ne feroient pas six ; & même nous ne serions pas certains qu'à présent deux & deux fissent quatre dans l'autre monde.

Dem. Cependant Dieu ne veut-il pas les véritez telles qu'elles sont ?

Resp. Ceci est fort diférent; Dieu les veut telles, cela est certain : mais c'est parce qu'elles ne peuvent pas être autres qu'elles sont : si elles changeoient, il faudroit que la substance d'où elles dépendent & où elles sont comprises changeât. Jugez si sur de pareilles conséquences on ne doit pas tenir pour constant, que les véritez des sciences & des mœurs sont nécessaires, immuables & éternelles, étant la lumiere où nous les découvrons universelle, commune à tous les Esprits, toujours la même dans tous les tems & en tous lieux, toujours fixe & invariable ; comme chacun peut s'en convaincre par un peu de retour sur soi même.

CHAPITRE XI.

Loi inviolable de toutes les Intelligences. Vaines équivoques touchant ce qu'on apelle Raison. Corruption étrange.

Dem. Quelle est la fin des véritez que l'Esprit découvre dans l'Infini ?

Resp. La fin de celles qui ne sont que des raports d'égalité, c'est d'établir les arts nécessaires à la vie. La fin de celles qui sont des raports de perfection, c'est de porter les esprits à régler leurs jugemens sur ceux de Dieu même & à se conformer à l'ordre qu'il suit inviolablement lui même.

Dem. En quoi faites-vous consister cét ordre ?

Resp. Dans la proportion qui se trouve entre l'amour divin & la perfection de chaque être. Les esprits sont plus parfaits que les corps ; Dieu nécessairement aime moins les corps que les esprits : Car Dieu est juste ;

& comme la justice consiste à aimer chaque chose à proportion qu'elle est aimable ; chaque chose aussi est aimable à proportion du dégré de perfection qu'elle a, ou du raport qu'elle a avec les attributs de l'être infiniment parfait d'où dérive toute perfection. Or tous les esprits doivent ressembler à Dieu autant qu'ils en sont capables : Il faut donc qu'ils réglent autant qu'ils le peuvent, leurs jugemens sur ceux de Dieu & leur amour sur le sien.

Dem. Ne peut-on pas dire que cet ordre auquel vous prétendez que tous les esprits se doivent soumettre n'est autre chose que ce que les hommes ont réglé entr'eux pour le bien commun de la societé ?

Resp. Voila où les hommes en sont aujourd'hui ; ils ne veulent point de loi s'ils ne la font eux mêmes, & parce que dans les traitez qu'ils font pour vivre ensemble, ils déferent toujours au plus fort, ils ne sçavent point mettre de diférence entre la force & la justice. Le plus foible se soumet, mais bien entendu qu'il cessera de se soûmettre, s'il peut devenir le plus fort ; alors il n'y aura pas de loi pour lui, parce qu'à proprement parler, il n'y en a que pour les foibles.

Dem. Si ce principe est généralement reçû parmi les hommes, que peut on y oposer ?

Resp. On y oposera la loi que chacun porte en soi même, qui dit à tous, en tous tems, en tous lieux ; *il faut*, ou *il ne faut pas* ; qui parle au cœur ; qui le presse ; qui lui fait des reproches quand il ne se soûmet pas : & cette loi est la même que l'Ordre dont nous venons de parler.

Dem. Mais cette même loi ne nous porte t'elle pas à travailler pour nôtre conservation ?

Resp. Elle nous y porte, je l'avouë ; mais en nous y portant elle nous prescrit des régles, qui sont tout autres que celles que suivent les hommes.

Dem. Mais peut on mieux faire pour sa conservation que de s'accommoder aux tems & aux lieux, que de tenir pour juste ce qu'on croit juste en tel païs, quoique dans un autre païs la même chose passe pour injuste ?

Resp. Comme par ce principe vous seriez toujours dans le parti du plus fort ; & toujours partisan de la premiere Religion qu'on vous ofriroit, vous ne vous conserveriez pas trop mal : mais si la loi qui vous parle au fond du cœur, n'aprouvoit ni cette Religion, ni la cause de ce plus fort, où en seriez vous ? Si vous y prenez garde, selon vôtre discours la grande Loi seroit la force, & toute la régle de la vie se tireroit de l'amour propre ou du désir de se conserver.

Dem. Pensez-vous que cela soit si mal dans l'ordre naturel ?

Resp. Mais dans l'état naturel les hommes ont une raison, dont ils se peuvent servir : on ne doit pas, ce me semble, quitter cette raison pour ne consulter que l'amour propre.

Dem. Ne peut on pas dire qu'en travaillant à se conserver ils suivent la raison humaine ?

Resp. Si cela se peut dire, on dira bientôt que tous les animaux sont humainement raisonnables : car assurément ils sçavent se servir à propos de la force, & ne négligent rien de ce qui peut servir à leur conservation.

Dem. Quel est donc l'usage de la raison humaine ?

Resp. La raison peut être considerée comme une faculté qu'a l'ame de consulter la lumiere qui lui est présente : si vous la regardez ainsi, son usage est de discerner entre le vrai & le faux, le juste & l'injuste, de comparer, de péser, de préferer le plus aimable au moins aimable.

Dem. Cette raison n'est elle pas reservée aux Chrétiens ?

Resp. Comme la lumiere est commune à tous les hommes ; tous aussi ont également la faculté de la consulter.

Dem. Outre cette faculté, n'y a t'il pas dans l'ame une lumiere qui lui est propre, & qu'on apelle raison humaine ?

Resp. Il n'y a qu'une vérité : donc il n'y a qu'une lumiere qui nous la découvre.

Dem. Comment entendez-vous qu'il n'y a qu'une vérité ?

Resp. L'Ame a plus de perfection que le corps ; cela est vrai pour les hommes & pour les démons, comme pour les Anges & pour Dieu même. Toutes les intelligences puisent donc, pour ainsi dire, dans une même lumiere : son infinité, son universalité, son immutabilité découvrent assez son unité.

Dem. D'où vient donc qu'on nous parle d'une raison humaine, & d'une raison divine, l'une qu'on attribuë aux sages païens, & encore au commun des hommes, l'autre à ceux qui croient en JESUS-CHRIST ?

Resp. C'est que les Païens aiant pû s'élever à la connoissance de certaines véritez, & n'en aiant pas connu d'autres où la Religion nous a ramenez, on a voulu marquer la diférence de leur état & du nôtre : Car bien que tous les hommes participent à la même lumiere, il n'y a néanmoins que ceux qui sont secourus qui puissent y découvrir les véritez essentielles, & régler leur conduite sur ces véritez.

Dem. N'y aura-t-il donc rien dans l'homme dont il puisse faire une raison humaine ?

Resp. On peut donner ce nom, & on le donne en éfet à la disposition que nous avons à juger des objets sur les impressions sensibles que nous en recevons. Chacun juge qu'une chose est vraie ou fausse, juste ou injuste, selon la convenance qu'elle a avec ses afaires présentes : c'est raisoner *humainement* : voila cette raison humaine que vous cherchez.

Dem. N'est-ce point ce qui fait que chacun dans son sentiment & sa conduite prétend avoir raison ?

Resp. N'en doutez pas, & en éfet chacun a sa raison, c'est à dire, son tour d'imagination particulier & & ses interêts propres.

Dem. D'où vient cette varieté d'interêts ?

Resp. De la révolte du corps contre l'esprit, de l'impuissance où nous sommes d'arrêter les impressions des objets sensibles ; de la corruption de la nature.

Dem. Sçavons nous par une autre voie que par la foi que la nature est corrompuë ?

Resp. Nous ne pouvions guére le

sçavoir sans la révélation ; l'esprit auroit toujours été flotant & incertain sur ce point, comme vous pourrez le remarquer dans les livres des anciens Philosophes ; mais depuis que nous avons été fixez par la foi ; rien n'est plus évident pour tous ceux qui veulent y penser, que nôtre corruption naturelle ?

Dem. Pouvons nous la découvrir ailleurs que dans nous mêmes ?

Resp. Il est vrai qu'elle est dans nous mêmes & qu'elle nous apartient ; mais ce qui nous la fait connoître c'est la veuë claire de telle ou telle vérité, jointe au sentiment que nous avons de ce qui se passe en nous ; je voi clairement que l'ame est préférable au corps ; & je me sens porté à préferer le corps à l'ame. Voila une corruption manifeste, tant par la lumiere qui se découvre à mon esprit, que par tout ce que j'éprouve en moi même. Mais cette corruption n'a que trop de force pour nous empécher de suivre la lumiere qui la découvre, elle fait à chacun de nous sa route particuliere, & il n'y a personne qu'elje ne convainque qu'il a raison de lui obéir. Voilà le principe des confusions éfroïables où se jettent les hommes. L'Historien séditieux, le Dogmatiste impie, le Charlatan, le visionnaire, donnent leurs songes pour des veritez. L'ambitieux, le débauché, l'Avare, donnent leur conduite pour la plus raisonnable & la plus sensée. Deux impies de nos jours séduits ainsi par leur fausse raison n'ont rien oublié pour renverser avec la Religion toute la société. L'un énemi * de la lumiere intérieure a prétendu qu'il n'y a pas moins de perfection dans une pensée que dans une autre, que rien ne peut être mieux ordonné que nos volontez, que la douleur est une perfection de l'Univers, qu'enfin la nature est la plus parfaite qu'elle puisse être. D'où il conclut que l'Etre infiniment parfait n'est autre chose que l'Univers dans l'assemblage de tout ce que nous apellons ou des biens ou des maux. L'autre vendu * à

* Spinosa.
‡ Hobbes.

la faveur des usurpateurs, a prétendu qu'il ne faloit chercher la Loi que dans la force, & que tous les devoirs n'étoient fondez que sur des conventions faites entre le plus foible & le plus fort, ne voiant pas que par cela même il exposoit son plus fort à tous les malheurs de la vie, quand sa force viendroit à diminuër.

Dem. De tout ceci que conclurons nous ?

Resp. Ce que je vous ai déja fait voir en plusieurs manieres, qu'il faut s'élever au dessus des impressions sensibles, pour chercher le prix & la nature de chaque chose dans les vraies idées qui se présentent à l'esprit, que ces idées se trouvent dans l'Infini, qu'on ne voit qu'en lui tout ce qu'on voit, toutes les véritez, tout ce qui semble entrer par nos yeux dans nôtre Esprit; que sa lumiere parle à tous le même langage, & que les hommes seront oposez entr'eux de sentimens & de pensées, jusqu'à ce qu'ils s'acordent à la consulter.

CHAPITRE XII.

Nous ne voions les objets sensibles ni en eux mêmes, ni en nous mêmes, ni en quoi que ce soit de créé.

Dem. Quelles sont ces véritez changeantes & passagéres que vous mettez parmi celles que nous voions dans l'Infini ?

Resp. Ce sont les idées des créatures corporelles entant qu'elles nous afectent, tantôt d'une maniere, tantôt d'une autre. Il y a une terre, des mers, un soleil ; voila des véritez, ces objets existent véritablement ; mais ce sont des véritez qui changent continuellement devant nous. Il y a des animaux, des fruits, des fleurs : voila encore des véritez, mais des véritez qui disparoissent bientôt à nos yeux.

Dem. Mais peut-il y avoir quelque chose de changeant & de passager dans l'Infini ?

Resp. Ce que nous voions proprement dans l'Infini, ce sont les idées qui représentent ces êtres: or ces idées sont toujours les mêmes & ne passent point.

Dem. Pourquoi donc apellez vous ce que vous voiez en regardant le monde, des véritez changeantes & passagéres?

Resp. Puisque les idées des créatures corporelles, quoique toujours les mêmes nous afectent, tantôt d'une maniere, tantôt d'une autre, selon les changemens qui arrivent à ces mêmes créatures, quel autre nom pourroit on donner à ce qu'on voit par les yeux? les créatures visibles sont véritablement changeantes: mais les idées qui en sont les modéles, ne le sont que par raport à nous, elles sont constantes & éternelles en elles mêmes.

Dem. Est-ce un Ciel & une Terre, par exemple, que nous voions dans l'Infini, ou bien y voions nous qu'il y a un Ciel & une Terre?

Resp. Vous ne voiez point dans l'Infini qu'aucune créature existe, vous y voiez seulement l'essence & le modéle de telle & telle créature.

Dem. N'est-ce pas cependant une vérité qu'il y a un Ciel & une Terre?

Resp. C'en est une, mais qui étant tout à fait arbitraire & dépendante de la volonté du Créateur, puis qu'il pouvoit ne faire ni Ciel ni terre, & qu'il change l'un & l'autre comme il lui plaît, se découvre par une autre voie, que ne fait l'essence des créatures materielles, qui est éternelle & nécessaire. Tout ceci se dévelopera dans la suite.

Dem. Faites moi comprendre une bonne fois que nous ne voions les corps que dans la substance de l'Infini.

Resp. Nous ne pouvons les voir (j'entends leur essence) ou qu'en eux mêmes, ou qu'en nous mêmes, ou qu'en Dieu. Nous ne les voions ni en eux mêmes, ni en nous mêmes, tirez la conséquence.

Dem. Pourquoi ne les pouvons nous voir en eux mêmes?

Resp. C'est que pour voir il faut un objet qui porte la lumiere: & les corps ne sont & ne peuvent être que ténébres.

Dem.

Dem. Une Intelligence a-t-elle besoin d'autre chose que d'elle même pour apercevoir ce qui lui est présent ?

Resp. Que l'œil soit pur & capable de recevoir les images des objets présens, il n'en reçoit aucune durant la nuit. La lumiere qui lui est propre étant absente, il n'est pas plus *voiant* que le pié ou l'oreille, l'esprit de même ne sçauroit voir si sa lumiere n'agit sur lui.

Dem. Quoique l'esprit ne voie qu'à la faveur de sa lumiere, peut on en conclurre qu'il ne voit point les objets en eux mêmes ?

Resp. C'est une conséquence tres-juste, puisque sa lumiere étant toute diférente de celle qui couvre les corps, elle lui fait voir toute autre chose que ces objets.

Dem. Mais les images que reçoivent les yeux, ne peuvent elles pas servir de lumiere à l'ame pour apercevoir tel & tel objet ?

Resp. Ces images sont elles mêmes de la pure matiere : ce ne sont que des traits marquez sur les nerfs de vos

I

yeux & de vôtre cerveau; & par conséquent elles ne sont pas moins invisibles en elles mêmes, que les objets qui en sont les originaux. Mais ce qui vous doit convaincre que vous ne voiez en eux mêmes ni ces objets ni leurs images, c'est que *voir* supose une union immédiate entre *le visible* & *le voiant*, s'il est permis de parler ainsi : or vous sçavez la distance qu'il y a du lieu des corps à la région des esprits.

Dem. Jusqu'à ce qu'on ait admis cette distance, ne peut on pas dire que l'ame se joint aux images des objets dans le cerveau ?

Resp. Si on veut tout nier, & raisonner contre la nature des choses, je n'ai plus rien à dire; mais je soûtiens qu'il ne peut y avoir d'union immédiate entre une image corporelle, ou un corps de quelque nature qu'il soit, & un esprit ; outre que ce n'est pas voir les objets en eux mêmes que de les voir dans leurs images; & de dire, par exemple, que l'ame saute du cerveau aux astres pour s'y joindre, & les voir en eux mêmes, ce seroit le comble de l'absurdité.

Dem. Ne pourroit-on prouver sensiblement cette invisibilité des objets corporels ?

Resp. Vous en voiez si souvent qui n'existent point ; est ce les voir en eux mêmes ? Mais mettez cette lunette sur vôtre nez ; voici deux arbres devant vous, n'en voiez vous pas douze par la lunette ? Et ces douze ne sont ils pas aussi verts, aussi beaux, & aussi bien plantez que les deux que vous voiez sans lunette ?

Dem. Que concluëz-vous de ce que je voi par cette lunette ?

Resp. J'en conlus, que les deux arbres que vous voiez sans la lunette ne sont pas ceux qui sont plantez ici prez, mais deux autres pareils aux douze que vous voiez par la lunette ?

Dem. Et où vois-je donc ces douze arbres ?

Resp. Vous les voiez sur le terrain qui est voisin de vôtre esprit.

Dem. N'attribuërez-vous rien de plus aux deux qui ne doivent rien à la lunette, qu'aux douze qui lui doivent leur naissance ?

Resp. On leur attribuëra l'existence fur le terrain que vous regardez ; mais ils n'auront pas une autre essence que les douze aperçûs par la lunette.

Dem. Ces douze peuvent-ils véritablement être comptez pour quelque chose ?

Resp. Ils sont verts, ils sont bien plantez : compteriez-vous cela pour rien ? Ils n'existent pas sur cette terre où vous marchez : en ce sens ils ne sont rien ; mais ils ont une existence tres réelle sur le terrain où se promene vôtre esprit, & ils y sont précisément pareils aux deux pour lesquels vous n'avez besoin que de vos yeux.

Dem. Expliquez moi, je vous prie, le mistére de la lunette.

Resp. Pendant que le fond de vos yeux n'est ébranlé que par les raions qui réfléchissent de deux arbres, vous ne voiez que deux arbres ; mais au moment qu'il reçoit douze impressions toutes pareilles, ce qui lui arrive par le moien de la lunette, vous apercevez douze arbres qui se ressemblent parfaitement : preuve certaine que vous ne voiez point ces deux arbres en eux mêmes, mais dans un objet qui peut vous en représenter une infinité, suivant les divers changemens qui arrivent à vos yeux.

Dem. Que diriez vous d'un homme qui présent à une de nos batailles, s'imagineroit que tant d'hommes qui se présentent les uns aux autres, l'épée ou le mousquet, que tant de chevaux écumans, que tant d'assaillans d'une part, tant de fuiars & de mourans de l'autre ; que tant de drapeaux arrachez, tant de canons enlevez, tant de tambours, de timbales, de trompettes, dont le son fait afronter la mort, ne sont autre chose que des figures voltigeantes autour de l'esprit, semblables à ces quatre arbres que le verre à facettes me vient de faire voir ?

Resp. Je suis ravi de voir que vôtre imagination se rejouït : Je dirois que cet homme ne sçait pas distinguer entre ce qui est l'objet de son esprit, & ce qui est l'objet de ses yeux, qu'à la vérité ce qu'il voit ce sont des idées d'hommes, de chevaux, d'atirail de guerre ; mais que dans cette plaine

I iij

où se promene son corps, il y a autant de machines existentes, que d'idées actuellement présentées à son esprit ; que toutes ces machines y ont les mouvemens dont il a la perception ; que les corps ne sont point là en sureté, qu'il sera bien d'en tirer le sien s'il peut ; & si aprés cela il vouloit encore rire , je ne m'y oposerois pas.

Dem. Si nous ne voions les objets extérieurs que par leurs idées, ne pouvons nous pas voir ces idées en nous mêmes ?

Resp. Ces idées sont l'essence & les perfections des corps, & le nombre en est infini. L'ame ne peut contenir que ses propres perfections, c'est une substance limitée : elle ne peut donc renfermer ces idées dans sa substance.

Dem. Les substances supérieures ne renferment elles pas les perfections des substances inférieures ?

Resp. Je ne crois pas que vous demeuriez long-tems dans ce préjugé. Car il est clair, ce me semble, que l'ame limitée comme elle est, ne pourroit pas contenir l'essence des corps, ou l'étenduë fans être corporelle.

Dem. Mais les idées des corps ne sont elles pas nécessairement spirituelles ?

Resp. Elles sont spirituelles & intelligibles par elles mêmes ; mais aiant les perfections de la matiere sans en avoir les limitations, elles ne peuvent se trouver dans une substance bornée, qui par sa nature reçoit les limitations qu'elles excluent : enfin une ame qui sçait qu'elle est finie, & qui reçoit actuellement l'idée de l'Infini en plusieurs manieres, voit assez, si elle veut voir, qu'elle ne contient pas la réalité qui lui est présente.

Dem. Ne peut-on pas dire qu'elle la contient du moins *objectivement*, si elle ne la contient pas *formellement* ?

Resp. On ne pouvoit gueres imaginer une distinction plus foible pour éluder une vérité tres claire. Car qu'est ce que contenir *objectivement* & non *formellement*, si non avoir présent un objet qu'on ne renferme pas en soi ?

Dem. Mais le sentiment que nous avons de tel ou tel objet n'est-il pas en nous ? Et ce sentiment ne peut-il pas contenir cét objet ?

Resp. Nos sentimens sont en nous : cela est certain ; ils sont l'ame même afectée d'une telle ou telle maniere : mais puis qu'il n'y a point de sentiment, ou plutôt de sensation qui ne soit particuliere, vous pouvez juger qu'elle est bien diférente de l'objet général ou de l'Infini, que vous pouvez contempler quand il vous plait : en un mot, il en est de la lumiere des esprits comme de la lumiere corporelle. L'œil reçoit la lumiere & ne la la contient pas ; il se peint dans l'œil une image par la lumiere qui le frape, & cette image est l'œil lui même modifié ; elle est l'éfet de la lumiere, & diférente d'elle par conséquent, comme l'éfet l'est de sa cause. Les idées, qui sont la lumiere de l'ame, font impression sur elle à leur maniere ; & cette impression est toute autre chose que les idées, c'est l'ame modifiée & actuellement voiante par l'objet qui lui est présenté.

Dem. Ne se pourroit-il pas faire que bien que l'Infini ne se trouve point en nous, Dieu créât avec chacun de nous les idées des êtres particuliers ?

Resp. Je vous ai déja marqué, ce me semble, que le nombre de ces idées est infini. Mais qu'il en soit ce qu'il vous plaira, où Dieu aura-t-il placé ces idées ? Sont elles corps ou esprit ? Sont elles dans l'ame ou auprés ? Sont elles au dessous de l'ame, elles dont l'ame tire sa perfection ? Sont elles au dessus de l'ame, elles qui lui sont si soumises ? Connoissent-elles assez l'ame pour se présenter selon ses ordres ? L'ame les connoit-elle assez pour apeller celles dont elle a besoin ?

Dem. Si Dieu ne les a pas créées avec l'ame, ne peut-il pas les créer selon que l'ame le désire.

Resp. Voilà tout d'un coup la création bien multipliée. Mais quand nous ne désirons plus telles ou telles idées, que deviennent elles ? Dieu qui les a créées pour nous, les détruit-il pour nous contenter ? Est-ce l'ame elle même qui les détruit ? Si elle ne les détruit pas, où les envoie-t-elle ? En combien d'obscurités vous jetterez vôtrs, si vous vous figurez des idées créées avec nous, ou créées quand il nous plait.

Dem. Quoique nous ne connoissions pas ce qui regarde de telles idées, Dieu n'a-t-il pas pû les créer ?

Resp. Dieu peut tout ce qu'il veut ; mais il ne veut que sagement : & une grande preuve qu'il n'a pas voulu telle chose, c'est l'absurdité qu'on y trouve.

Dem. La nature ne peut-elle pas avoir ces mistéres aussi bien que la Religion, & en ce cas nous obliger à nous taire sur l'origine des idées ?

Resp. Vous apellerez ce qu'il vous plaira mistéres de la nature ; mais il ne faut pas en chercher où il n'y en a pas, ni s'en faire quand on peut ne s'en pas faire. Le mistére de tout ceci, c'est la confusion qu'on fait des idées & des perceptions ; nos perceptions sont en nous, elles nous apartiennent, ce sont nos modifications, par cette raison nous plaçons en nous nos idées; & pour défendre ce préjugé on abandonne l'imagination à tout ce qu'il lui plait de forger ?

CHAPITRE XIII.

Comment Dieu nous découvre les objets corporels. Ordre des sensations. Diférence du monde materiel & du monde intelligible.

Dem. Quelle raison avez-vous de chercher plutôt en Dieu nos idées qu'en nous mêmes ?

Resp. 1. C'est qu'il n'y a que l'Infini qui puisse contenir l'infinité de nos idées, & qu'il n'y a que Dieu qui soit infini. 2. C'est qu'il est tres certain que Dieu renferme les perfections de tous les êtres, ou qu'il les comprend tous éminemment. 3. C'est qu'il est uni immédiatement aux esprits. 4. C'est que comme ils dépendent de sa puissance, n'aiant l'être & la vie que par lui, il faut aussi qu'ils dépendent de sa sagesse, ne pouvant recevoir que de lui les idées qui les éclairent, & d'où dépend leur perfection.

Dem. Aprenez-moi donc comment nous apercevons les corps par l'union de nos esprits avec Dieu ?

Resp. Quand vous vous promenez dans ce beau lieu où nous voici, mille & mille objets corporels agissent en même tems sur vôtre corps par une infinité de raions qui en réfléchissent, & qui peignant au fond de vos yeux tant d'objets, transmettent leur action jusqu'aux extremitez des nerfs qui aboutissent au cerveau. Jusques là vous ne voiez rien ; car tout se passe dans le corps pour qui rien n'est visible. Mais au même instant que la partie du cerveau où se termine le nerf de la vision est ébranlée, il se forme pour l'esprit un édifice avec tous ses compartimens, des jardins, des jets d'eau, des fleurs & des fruits, un bois épais, une agréable verdure : suivant que les objets extérieurs agissent sur le corps, l'étenduë idéale, ou le modéle de la matiere, que la substance de Dieu comprend, agit sur l'Esprit, & par son action lui découvre tant de diférens objets.

Dem. En quoi consiste cette action ?

Resp. En mille & mille sentimens

de couleur qu'elle vous imprime. Il semble alors que l'esprit ainsi afecté prenne le pinceau pour se peindre à lui même une infinité d'objets particuliers sur un objet général & parfaitement uniforme.

Dem. Sans cette distribution de couleurs ne pourroit-il voir les corps ?

Resp. Du moins il ne pourroit en distinguer aucun. Si vous en doutez, jettez les yeux sur un Tableau, & voiez si vous y distinguez quelque chose par une autre voie que par le moien des couleurs. Ce monde est un grand Tableau ; vous n'en pouvez distinguer aucun personnage ni aucune figure que par les divers sentimens que leur modéle vous imprime, & qui sont les véritables couleurs dont vous revétez vous même tous les corps.

Dem. L'Esprit ne feroit-il point aussi l'ofice de Sculpteur sur son étenduë idéale ?

Resp. L'Esprit n'est ni Peintre ni Sculpteur. Mais vous pouvez encore penser qu'il lui arrive la même chose, que s'il prenoit un ciseau pour tailler son objet en Ciel, en terre, en bois, en rivieres, en prairies, en colines, en édifices de toutes les manieres. Mais aprés tout, ce haut, ce bas, ces enfoncemens, ces distances, ces mouvemens qu'il aperçoit sont uniquement les éfets de l'action de l'étenduë idéale sur lui, qui toujours afecté par elle, selon les impressions que reçoit le corps, discerne les objets corporels selon telles & telles circonstances ?

Dem. D'où vient que mon esprit, & son propre objet, étant si loin de là & de là, je voi pourtant là & là, ce que je voi ?

Resp. C'est que les objets qui font impression sur vôtre corps sont là & là ; & qu'étant ceux dont il a besoin, il est nécessaire qu'il s'en aproche. Que seroit ce si vôtre esprit ne raportoit pas là & là ses sensations ; mais seulement à son véritable objet, le corps tâtonneroit éternellement sans trouver ce qu'il lui faut.

Dem. Les animaux que vous privez de sensation ne distinguent-ils pas aussi bien que nous le pain d'avec les pierres, & ne sçavent-ils pas aler droit à leurs tanieres se reposer ?

Resp. Ils y vont, parce qu'ils n'ont point de sensation ; & vous parce que vous en auriez, vous ne pourriez retrouver vôtre logis, si vous ne la raportiez pas au dehors. Car pourriez-vous vous aviser de chercher ailleurs ce logis que là où il se présenteroit à vous ? Et ce seroit justement où les piez ne marchent pas. Les animaux déterminez par des impressions corporelles, s'aprochent ou se retirent exactement pour le bien de leur corps, suivant la nature de ces impressions ; mais il ne se peut qu'en nous l'éfet naturel de ces impressions ne soit détruit en un sens par la vivacité de nos sensations : & si elles nous portoient vers l'objet qui les produit véritablement, nous n'irions jamais à ceux qui nous sont nécessaires pour la conservation de nos corps.

Dem. De ce que vous dites, ne pourroit-on pas conclurre que vôtre monde spirituël ne subsiste que dans nos sensations ?

Resp. Vous concluriez mal. Le

monde des esprits subsiste indépendamment de tout ce qui est en eux; mais afin qu'ils y découvrent telle ou telle idée, il faut qu'ils en reçoivent telle ou telle impression, qui fait comme un composé de la sensation & de l'idée : ainsi, quoique vôtre esprit semble faire ou défaire cette maison charmante que voici, selon qu'il vous plait d'ouvrir ou de fermer les yeux, il ne fait pourtant & ne défait rien. Le fond de la maison, & d'une infinité d'autres encore plus magnifiques, subsiste toujours : & l'impression de ce fond sur vous, selon telle ou telle mesure, sufira toujours pour vous faire apercevoir un nombre innombrable de diférens objets. Etonnez vous aprés cela que Dieu ait formé dans sept jours le monde où habitent nos corps, lui qui en reproduit un si magnifique pour les esprits plus de trente millons de fois dans un clin d'œil. L'Ecriture nous dit, que Dieu se joüoit * en créant la Terre & les Cieux, ne seroit ce point pour nous faire enten-

* *Ludens in orbe terrarum.*

dre que c'étoit le moindre essai qu'il pût faire de sa Toute-puissance ?

Dem. Comment tant d'objets si distincts & si marquez se trouvent-ils dans un fonds aussi simple & aussi uniforme, qu'est l'étenduë idéale ?

Resp. Ils s'y trouvent, comme les couleurs sont dans vôtre ame. En quelque nombre que vous conceviez les couleurs, elles ne sont que la même substance diversement modifiée. Ainsi, toutes les diférentes idées que l'ame reçoit ne sont que la même substance qui se découvre diversement à elle. Les couleurs, & vos autres sensations, sont distinctes entr'elles, mais c'est intelligiblement, chacune d'elles est la même ame. Tous les objets particuliers sont distincts de même dans l'étenduë idéale. C'est une distinction intelligible, suivant laquelle le fond fournit chaque objet, & chaque objet est tout le fond. Si nous avions une idée claire de nôtre ame, nous sçaurions comment les couleurs sont distinctes en elle ; si nous n'étions pas des êtres finis, nous verrions comment toutes les idées que nous apercevons sont distinctes dans la simplicité de l'Infini.

Dem. Au lieu de prétendre que tant d'objets ne sont que le modéle de la matiere qui agit en mille manieres diférentes sur l'Esprit, ne seroit-il pas plus commode d'établir dans ce modéle, ou dans ce fond intelligible, toutes sortes de portraits, grands & petits, toujours prêts à se faire voir ou à se découvrir à l'esprit ? Cela se conçoit, ce me semble, avec plus de facilité que le reste.

Resp. Il ne faut pas chercher seulement ce qui se conçoit, il faut chercher ce qui est vrai. Ces êtres représentatifs dont vous parlez, saisissent d'abord l'imagination, & elle se plait beaucoup dans la variété qu'ils lui présentent : mais ils ne s'acordent pas avec la simplicité de l'objet que vous contemplez (j'entends l'objet général qui est inséparable de vôtre esprit.) Cet objet n'est pas susceptible de figures : mais intelligible qu'il est par lui méme, il fait par ses seules impressions imaginer ou sentir à l'esprit toutes sortes de figures.

Dem. N'est-il pas vrai cependant qu'il n'en fait rien, si je ne le veux?

Resp. Bien entendu que vous le vouliez. Mais pour peu que vous le vouliez, vous le concevez d'abord, à la vérité, sans figure, uniforme. Ce qui s'apelle simplement *concevoir*. Ensuite vous le revêtez de telle figure qu'il vous plait de lui donner. Ce qui s'apelle *imaginer*. Et enfin vous ne pouvez vous empêcher de vous le représenter comme figuré, lors qu'en conséquence des impressions que reçoit vôtre corps il afecte vôtre esprit de telle & telle maniere. Ce qui s'apelle *sentir*. En tout cela l'objet ne change point: il n'y a que l'esprit, qui par les impressions qu'il en reçoit & qu'il lui raporte, se le représente changé.

Dem. Ne peut-on point parcourir en général ces impressions?

Resp. Du lieu où vous êtes vous voiez autour de vous des païsages enchantez, une riviere semée d'Isles à perte de veuë, des prairies entrecoupées de ruisseaux, des bois, des côteaux, des campagnes, que diverses sortes d'animaux parcourent, un Ciel serain que des ciseaux traversent, où ils voltigent, où ils se joüent. Tous ces objets suposent autant de figures peintes sur le fond de vos yeux, & gravées sur vôtre cerveau, mais ils sont en éfet l'étenduë idéale ; elle même qui s'imprime, pour ainsi dire, sur vôtre ame à proportion que l'étenduë materielle taillée en tant de diférens corps s'imprime selon les loix du mouvement dans vos yeux & sur vôtre cerveau. Passez présentement de ce lieu dans une loge de *l'Opéra*. Là des voix des violons, des flutes, des hautbois donnent par leurs mouvemens & leurs coups redoublez, un million de secousses diférentes au tambour de vôtre oreille ; & au même instant la même étenduë idéale où vous voiez les décorations & la magnificence que vous raportez au Théatre & aux Acteurs, fait sur vôtre ame autant de diférentes impressions, en quoi consiste la symphonie. Il en est de même lorsque vous vous trouvez au milieu des parfums, & dans un splendide festin. Cette même étenduë idéale toujours simple & toujours féconde, afecte vôtre ame, selon que les nerfs de vôtre nez & du palais de vôtre bouche sont ébranlez, & vous avez ainsi le plaisir des odeurs & de la bonne chére.

Dem. Qu'y a-t-il donc dans ces lieux où l'on prend tant de soin de rassembler tout ce que le siécle a de plus riche, de plus pompeux, & de plus doux ?

Resp. Il y a de la matiere rangée, des voix & des instrumens qui agitent l'air, des piez & des mains qui remuënt. Tout le brillant, tout l'agréable, tout le mélodieux se passe dans un autre monde, dans nôtre monde spirituel, à qui personne de la bande joieuse n'a peut être jamais pensé.

Dem. Ce monde des esprits n'a-t-il que de l'éclat, & des douceurs à leur présenter ?

Resp. C'est le païs de l'amertume & des douleurs, aussi bien que des plaisirs. Présentez-vous pour un moment à un de ces siéges fameux que nous voions de nos jours. Là le méme objet, la même étenduë idéale qui se présente ici à vous sous de si douces aparences se présentera sous la forme d'hommes & de chevaux en fureur, de mille sortes d'instrumens meurtriers, de murailles écroulées, de sang répandu, de têtes cassées, & ne régalera vôtre esprit que des sons les plus horribles.

Dem. Ce spectacle ne consisteroit-il qu'en aparences ?

Resp. Ce sont des aparences pour l'esprit : mais à ces aparences réelles répondent des corps avec leur forme & leur matiere, & qui se détruisant parfaitement les uns les autres rendent des ames éternellement malheureuses.

Dem. Faut-il beaucoup de choses pour changer ainsi la scéne dans l'étenduë idéale ?

Resp. Elle change selon que les créatures corporelles changent sous les organes de nos sens. Telle ou telle impression transmise jusqu'au cerveau est suivie d'un spectacle charmant : une autre impression est suivie d'un spectacle afreux. Le tout selon les loix qu'il a plû au Créateur d'établir. La scéne change, & l'étenduë idéale ne change point : elle vous donne les sentimens du blanc, du vert, du rouge, du chaud, du froid, du sec, de l'humide, du haut, du bas, du bon, du mauvais, du plaisir, de la douleur : & elle n'a aucune de toutes ces qualitez ; elle agit seulement sur vous en la maniere qu'il faut, afin que vous aiez l'une ou l'autre perception, ou bien plusieurs à la fois.

Dem. Mais ne sens je pas que ce sont les corps dont je suis environné qui me résistent quand je marche ou que je travaille de mes bras ?

Resp. Les corps qui vous environnent résistent à vôtre corps ; mais c'est l'étenduë idéale qui résiste à vôtre esprit : c'est elle seule qui vous donne des sentimens à proportion de la résistance que les corps environnans font au vôtre.

Dem. Mais si les loix de la méchanique ne se peuvent exercer ailleurs que dans la nature corporelle, comment voions nous la méchanique sans voir les corps qui en sont le sujet propre ?

Resp. Les corps qui vous environnent font des impressions sur le vôtre, selon leurs figures & leurs mouvemens, l'étenduë idéale agit sur vôtre ame ; & par son action diversifiée, selon ce qui se passe dans vôtre cerveau, vous fait concevoir & sentir une méchanique qui ne se trouve que dans des corps qu'on ne voit point.

Dem. Le plaisir & la douleur étant essentiellement diférens, comment peuvent-ils être les éfets des mouvemens corporels, dans lesquels il n'y a que du plus & du moins ?

Resp. Il est vrai que les éfets doivent répondre à leurs causes : mais il ne faut pas prendre pour cause réelle ce qui ne l'est pas. Dieu vous donne des sentimens en conséquence des mouvemens qui se passent dans vôtre corps. Ces mouvemens ne sont qu'une occasion à Dieu d'agir en vous ; & vos sentimens sont tels que vous les éprouvez, afin que vous ne jugiez pas par eux de la nature des corps, mais seulement que vous vous en aprochiez, ou que vous vous en sépariez, selon qu'ils peuvent nuire ou servir à la con-

conservation du vôtre. Cette question reviendra.

CHAPITRE XIV.

Manieres d'apercevoir. Commerce contagieux de l'imagination. Source de l'Esprit du monde. Sa vanité.

Dem. L'ACTION de l'étenduë idéale sur mon Esprit supose-t-elle toujours l'action de la matiere sur mon corps?

Resp. Je vous ai déja marqué la diférence qu'il y a entre *concevoir*, *imaginer* & *sentir*. Quand vous voulez vous représenter quelque objet, vous n'avez que faire de l'action de l'étenduë créée : quand vous voulez vous le graver dans la tête, c'est à dire, l'imaginer, vous n'avez besoin que d'esprits animaux, qui obéïssent à vôtre volonté. Ce n'est donc que quand vous le sentez, qu'il est nécessaire qu'il y ait quelque chose au dehors qui agisse sur vos organes. Encore souvent avez-vous des sentimens tres-vifs par les seuls mouvemens qui se passent dans vos membres & dans vos entrailles. L'é-

K

tenduë idéale n'atend pour agir en vous que vos volontez, ou l'ébranlement des petits filets de vos nerfs, de quelque maniere qu'il arrive. Car ce sont les organes du sentiment.

Dem. D'où vient que l'action des objets ne les ébranle pas toujours ?

Resp. C'est que tantôt ils sont tendus, & tantôt ils se relâchent. Quand vous dormez, par exemple, ils sont relâchez faute d'esprits : Ainsi, l'action des objets extérieurs ne se peut transmettre par eux jusqu'à vôtre cerveau : mais quand vous ne dormez pas, ils sont toujours assez tendus par les esprits qui se répandent dans tout vôtre corps, pour transmettre les impressions qu'ils reçoivent, jusqu'à l'organe immédiat de vôtre ame, d'où s'ensuit le sentiment. Mais si vos organes ne reçoivent point d'impression de dehors durant vôtre sommeil, peut-être qu'en recompense vos esprits animaux agissent assez dans vôtre cerveau, pour vous faire souvent apercevoir par leurs mouvemens ce que vos yeux vous refusent.

Dem. Pourquoi l'ame ne réglet-elle pas ce mouvement d'esprits durant le sommeil comme durant la veille ?

Resp. C'est qu'elle n'a plus d'empire sur le corps : & parce qu'au contraire elle en est dépendante, elle ne peut, pendant qu'il reprend des forces, s'occuper de son véritable bien. C'est par là que le Créateur a voulu la convaincre de son assujetissement & de sa profonde misère : il la traite alors comme si elle étoit corporelle elle-même, & incapable de consulter la Raison. Mais vous avez dequoi vous consoler, puisqu'au moins durant la veille, vous pouvez régler comme il vous plaît, le cours de vos esprits ; pouvoir que bien des gens n'ont pas.

Dem. Dans quelle classe mettez-vous ceux qui n'ont pas ce pouvoir ?

Resp. Placez-les vous-même où il vous plaira. Ce sont des foux. Il y en a de deux espèces principales. Les uns n'ont nul empire sur leurs esprits animaux. Ces esprits sont si mutins, qu'ils voltigent en désordre sur mille traces confuses, d'où s'ensuit l'entier dérangement des idées de l'ame. Les autres commandent à leurs esprits, ils en déterminent le cours ; mais quand une fois ils leur ont donné l'essor, ils n'en sont plus les maitres ; & si le cerveau se trouve d'une constitution à en recevoir aisément les vestiges, ce sont des spectacles pour l'ame toujours nouveaux & singuliers. Les premiers n'ont rien de contagieux, leur déréglement est trop sensible ; & ne répondant jamais à nos idées, il n'est point à craindre qu'ils nous puissent rien persuader. Mais on contracte aisément les qualitez des derniers.

Dem. Donnez-moi quelque exemple de ceux-ci ?

Resp. Un Poëte s'enferme dans son cabinet : il s'échaufe l'imagination. Voila ses esprits animaux en campagne, il leur fait ouvrir des traces, & suivant le cours qu'il leur fait prendre, l'étenduë idéale se fait apercevoir à lui sous la forme de palais superbes, de jardins délicieux, de toutes sortes de beautez sensibles. Ce spectacle l'anime, il est charmé de son propre Ouvrage, & les esprits animaux s'agitant de plus en plus élargissent & aprofondissent les traces. C'est alors qu'il ne sçait plus garder de mesure : séduit par l'agitation de son cerveau, il voit tout au delà du naturel ; & tout plein de grands objets, il fait des prodiges en peinture.

Dem. Quel air de contagion trouvez-vous là ?

Resp. Comme un tel personnage ne dit que des choses sensibles, & représente toujours du merveilleux, il trouve facilement entrée dans les Esprits du commun : tous ses mouvemens, toutes ses saillies, toutes ses peintures portent coup : on en est frapé : on en est ébloui : on ne peut plus souffrir d'autres objets. C'est par cette raison que ceux qui lisent des Romans, des piéces galantes, des Poësies, & qui en font leur occupation, ne sont pas capables des véritez les plus simples, ni des notions les plus communes. La tête pleine de traces profondes toujours renouvellées par un violent cours d'esprits, ils trouvent

par tout les objets qu'ils se sont ren‑
dus familiers, & ne veulent point
s'en détourner. Leur vie est un songe
perpétuel, & un mélange de chimé‑
res.

Dem. Cette disposition d'esprit
ne se trouve‑t‑elle que dans ceux
qui lisent des Romans, ou d'autres
ouvrages de cette sorte ?

Resp. Le Monde entier est un Ro‑
man. Chacun se conduit selon l'im‑
pression qu'il reçoit de ses vanitez.
Vous y voiez des Héros, des Mag‑
nifiques, des Flateurs, un haut &
bas perpétuël, selon la nature, la va‑
rieté & les changemens des traces du
cerveau.

Dem. Qu'apellez‑vous un Hé‑
ros ?

Resp. Il y a des Héros en expé‑
ditions & en valeur, & des Héros
en idées. Ceux‑ci remplis de la
trace de grandeur, que nous avons
héritée du premier homme, se croient
au dessus de toute la nature, & le
disputent aux *Dieux*. Les autres sont
emportez par des traces postérieures,
qui sont de commandement, de puis‑

sance, d'adorateurs, de peuples prosternez, d'Empires abatus : traces vastes & profondes, qui jettent leur homme dans un tel étourdissement, que tout plein des objets de sa vanité, il ne sçait penser ni à ce qu'il est, ni à ce qu'il doit devenir.

Dem. Qu'apellez-vous le Magnifique ?

Resp. J'apelle ainsi un homme, dont la tête chargée de traces d'habits riches, d'emmeublemens précieux, de bijoux, de train superbe, de table splendide, l'oblige continuellement à exprimer en éfet ce qu'il imagine sans cesse, & qui séduit par le faux éclat qu'il se donne, croit tirer de là comme une divine grandeur. Il est évident que si celui qui s'imagine être un Roi ou un Empereur quand il ne l'est pas, est un fou; le Héros & le Magnifique qui se croient fort au dessus du commun des hommes, quoi qu'ils aient les plus grandes foiblesses, n'ont pas beaucoup de Raison; & que si on ne s'en aperçoit pas, c'est qu'on sent en soi une disposition entière à les imiter si l'on étoit en leur place. C'est même par cette disposition qu'on les recherche & les admire.

Dem. Montrez-moi comment l'inclination qu'ont tous les hommes à la grandeur, les unit les uns aux autres ?

Resp. Un homme s'est élevé par sa force ou par son adresse, il paroît dans la puissance & dans l'éclat : ceux qui le voient sont frapez de sa présence, l'amour de la grandeur se reveille en eux ; & comme ils jugent que le commerce de cét homme peut les en aprocher, s'il parle, d'abord la trace qui les domine s'ouvre, & les voila dans le respect : cette trace toujours ouverte tient l'ame apliquée à distribuër les esprits de la maniere qu'il faut ; pour plaire par les yeux, par la voix, par les discours, par les manieres ; elle est la mere des flateurs.

Dem. Entre ces flateurs qui sera le favori ?

Resp. Celui dont l'air & les manieres auront le plus de convenance avec les dispositions du cerveau de l'Idole : en peu de tems il sera élevé bien haut ; mais la trace qui l'a élevé n'est pas constante ; si elle vient à changer, adieu la nouvelle grandeur, voila un homme renversé.

Dem. Et de ceux qui ne sont pas favoris, qu'en ferez-vous ?

Resp. Les Grands sont, pour ainsi dire, les Singes de la Divinité, ils veulent avoir des créatures. Ainsi, il ne faut que s'atacher à eux pour avoir part à leurs graces. Il ne se peut que dans la multitude des concurrens on ne soit souvent traversé ; on se trouvera tantôt devant, tantôt derriere ; mais enfin il ne faut que de la patience, & ne pas mourir trop tôt : on a tort de se rebuter. Mais pour prendre vôtre parti, considérez l'état d'un Monde, où dominent des traces de grandeur. Combien d'alarmes cruëlles sur une fortune espérée ! Combien de plaintes pour une Dignité refusée ! Combien de cris pour un établissement manqué ! La trace du bien qu'on désire en a tant d'autres à sa suite, & si disposées à s'ouvrir, que le moindre mouvement d'esprits fufit pour en ouvrir plufic. avec elle. Alors combien d'objets de crainte, de colére, de jaloufie, se préfentent! Combien d'afaires d'éclat viennent en fuite! Mais que de joie, quand on a obtenu ce bien! Les efprits raionnant autour de la trace, tiennent ouvertes toutes celles qui s'y raportent; & autant que le cerveau reçoit de fecouffes, autant l'ame a de treffaillemens, qui font qu'elle s'aplaudit, qu'elle fe croit heureufe, qu'elle veut perfuader tout le monde de fon bonheur: au fond il n'y a qu'elle qui s'en réjouit; mais chacun afpirant à une fituation pareille, veut paroître fe réjouir avec elle; & par là s'en atirer autant quand fon tems fera venu. Voila le monde. Il étoit naturel que des hommes fans connoiffance de la vérité fuiviffent les idées fenfibles, & que fur ces idées ils fe fiffent des fyftémes & un train de vie qui les occupât un peu; & comme l'amour propre les domine, il ne fe pouvoit que tout ne devint entr'eux un commerce de vanité, où chacun donne pour recevoir, où chacun aplaudit pour être aplaudi, où chacun encense pour être encensé Cependant comme au travers de tout ce beau semblant ils aperçoivent assez le foible les uns des autres, le moindre cours d'esprits, le plus léger soupçon leur fait changer de langage & de contenance ; & souvent dans un même jour on les voit passer des complimens les plus flateurs aux reproches les plus sanglans. Ce sont les suites naturelles du principe qui les fait agir. Mais au fond, leurs erreurs leur demeurent toujours cachées, ils y restent sans remords, leurs traces toujours plus vives & plus ouvertes par le commerce ordinaire, leur font toujours former de nouveaux fantômes de puissance & de grandeur : ils suivent l'ombre, & fuient la réalité : ils prennent un songe pour le bonheur & la perfection.

Dem. N'y auroit-il rien de plus réel dans ce que nous apellons grandeur humaine, que dans ce que nous apellons des songes ?

Resp. Les grandeurs humaines, l'éclat & la magnificence du monde supofent des objets réels, & vos songes n'en supofent pas. Mais comme vous vous trompez, lors qu'en dormant vous jugez qu'il y a au dehors des objets femblables à ceux dont vous avez la perception en fonge : De même c'est une étrange erreur de croire qu'on puiffe recevoir du bien ou du mal, des objets qui frapent nos fens.

Dem. Mais comment fçavons-nous fi c'est dans nos fonges ou dans la veille que les objets dont on a la perception font exiftans ?

Resp. Vous ne fçauriez joindre deux fonges l'un avec l'autre, vous joignez parfaitement tout ce que vous voiez & tout ce que vous faites dans la veille ; c'est, ce me femble, une preuve convaincante, que dans vos fonges les objets n'exiftent pas. Mais ce que vous devez bien remarquer, c'est que dans les fonges la perception n'eft pas moins réelle que dans la veille, puifque c'est toujours l'étenduë idéale qui agit fur l'ame en conféquence des mouvemens qui fe paffent dans le cerveau. C'eft un éfet de l'union de l'ame & du corps, fuivant laquelle l'Auteur de la Nature doit agir en nous, selon ce qui se passe dans nos organes, sans avoir égard à ce qui se passe au dehors. Il n'y a donc de faux dans les songes que le jugement qu'on fait qu'il y a des objets au dehors qui produisent les perceptions qu'on éprouve. Jugez que les objets qui sont autour de vous existent; c'est bien juger quand vous ne dormez pas : mais ne jugez pas, qu'ils puissent vous rendre heureux ou malheureux, si vous n'en voulez devenir esclave, & faire un funeste songe.

CHAPITRE XV.

Causes générales de diférens personnages de la vie humaine, &c.

Dem. LEs traces du cerveau se bornent-elles à nous faire poursuivre les honneurs & la grandeur du siécle ?

Resp. Nous n'avons pas moins de passion pour les plaisirs que pour la grandeur ; & tout ce que nous désirons par raport à la vie présente ; dépend des traces du cerveau. On reçoit du plaisir à la présence de tel objet, la trace de cét objet fait souvenir de ce plaisir, & ce souvenir nous fait rechercher de nouveau ce même objet. Car nous voulons invinciblement être heureux, & nous sommes intérieurement convaincus que nous ne le pouvons être que par le plaisir. Voila déja ce qui produit les fêtes & les spectacles. Les hommes comme enchantez des objets qui ont flaté leurs sens, rassemblent ces objets autant qu'il leur est possible, pour les embrasser tous à la fois. Par là ils se délassent un peu de la vivacité des autres plaisirs, & ils mettent leur imagination plus au large. C'est donc par les traces du cerveau que se forment, par exemple, l'amant, la coquete, le débauché, &c.

Dem. Quelles sont les causes des divers mouvemens d'un amant passionné ?

Resp. Un amant tantôt se plaint de son martire, & tantôt il est content de son bonheur : il se plaint ou

s'aplaudit, selon que l'objet de sa passion se présente à son esprit. Si cet
objet se présente comme répondant
aux désirs qu'il anime, l'ame charmée rapelle les idées de toutes les
beautez qu'elle connoit, & de toutes les douceurs qu'elle a éprouvées,
& les esprits animaux agissant bien
plus fortement sur la trace de l'objet
chéri, que sur celles de tous les autres objets, c'est alors que l'amant
trouve dans sa belle plus de beauté
que dans les Cieux, & plus d'éclat
que dans les Astres : elle n'a rien
que de divin ; elle feroit le bonheur
des *Dieux*. Les bois, des prairies,
les fontaines, toutes les douceurs de
la Nature sont faites pour la servir :
il n'y a rien qui puisse n'être pas favorable à des amours si tendres. C'est
l'étet des comparaisons que l'ame fait
dans ce moment, de ses sentimens les
plus doux. Mais si l'objet se présente à elle avec quelques rigueurs, au
même instant tous les agrémens de
la vie s'éclipsent devant elle : les esprits sans action, & comme fixez dans
les fibres du cerveau, font qu'elle ne

trouve rien d'animé : tout l'ennuïe : tout la désole : le jour ne luit plus pour elle. Cependant parmi toutes ses peines, il lui reste toujours un sentiment flateur, composé de quelque agréable souvenir, & de quelque espérance confuse d'un favorable retour ; & ce sentiment tient l'amant toujours ataché, parce qu'il n'en a point de contraire, son mal étant plutôt la privation du bonheur qu'il désire, qu'une suite de sentimens positifs : ce sentiment est même assez puissant pour rendre inutiles tous les reproches de la Raison : Elle dira cent fois à cét amant malheureux, que sa passion est honteuse, qu'elle a un objet indigne, qu'il est fait pour quelque chose de meilleur ; que mille maux le menacent s'il ne prend un autre parti. Le sentiment est maitre de son cœur : il se plaindra de son esclavage sans le quiter ; il fera vœu mille fois de rompre ses chaînes, & elles se fortifieront de plus en plus. Voila les principaux caractéres de la passion favorite de presque tous les cœurs : voila ce qui a fait inventer les airs tendres, les tables, les contes, les bons mots, les jeux, les cercles, les spectacles. Ce sont des enfans de l'Amour, & ils font vivre leur pere.

Dem. Comment se forme la Coquete ?

Resp. Représentez-vous une ame assiégée de traces d'amans, de présens, de parties de plaisir, &c. elle sera bientôt le personnage que vous demandez. Ce sera une misérable, qui sans avoir le tems de se reconnoître, se trouve sur un grand chemin, exposée aux injures du tems & des passans, toujours yvre, & toujours contente dans son malheur.

Dem. Comment se fait le débauché ?

Resp. Concevez une ame irritée par les traces des biens sensibles, qui s'opiniâtre dans l'émotion des esprits, & qui veut en tirer ce qu'ils ne peuvent produire. Frustrée du bonheur qu'elle atendoit de tel mouvement qu'ils avoient, elle leur donne une autre détermination ; & irritée de plus en plus par le vuide où elle se trouve, elle leur donne de si grandes agitations, que les secousses qu'en reçoit le cerveau, lui fait naître des desseins monstrueux. Cependant toujours séduite & toujours altérée, elle recommence ses poursuites, & elle ne finiroit jamais, si l'épuisement des esprits qui la servent, ne la jettoit elle-même dans l'assoupissement & la langueur.

Dem. L'amour des plaisirs ne produit-il que de ces sortes de personnages ?

Resp. Comme ceux qui manquent de richesses ne jouissent ni des honneurs, ni des plaisirs, le désir de jouir des uns & des autres forme le joüeur, le filou, le charlatan, le plaideur, & même l'avare, aussi-bien que le prodigue.

Dem. Quelle idée avez-vous d'un joüeur ?

Resp. C'est un avare turbulent, dont les esprits animaux sont si mutins, qu'ils le poussent fortement aux promtes manieres de gagner ; & le désir qu'il en conçoit est si violent, & l'inquiéte de telle sorte, qu'il met toujours au hazard ce qu'il a, pour emporter ce qu'il n'a pas.

Dem. N'y a-t-il pas des gens qui jouënt sans y être portez par l'avarice ?

Resp. Je ne sçai s'il s'en trouve parmi ceux qui jouënt beaucoup. Mais qu'il y en ait, ce qu'on peut dire de ceux-là, c'est que ne sçachant point s'élever aux idées, qui sont la nourriture de l'ame, & d'ailleurs fatiguez par les esprits qui s'agitent dans leur cerveau, ils tâchent à les occuper par des objets étrangers, par des dez, par des cartes, par un tric-trac ; ils se sentent soulagez dans le bruit & dans le tumulte. C'est un étrange état pour des créatures qui doivent vivre de raison : il n'est pas surprenant que des enfans en soient-là ; mais qu'on y soit encore dans la maturité de l'âge, & même dans la vieillesse, c'est ce que j'ai de la peine à comprendre.

Dem. D'où se forme le filou ?

Resp. Représentez-vous une ame apliquée à mille traces qu'elle a reçuës du foible & des imprudences des hommes, qui fait courir continuellement ses esprits animaux sur ces traces ; & qui à force de les déterminer ici & là, trouve des moiens d'atirer ses bêtes dans le filet. Voila un *Filou* : il difére du *Charlatan* en ce qu'il fait sourdement sa manœuvre, & que celui-ci marche toujours tambour battant. L'un couvre sa marche pour n'être point aperçu ; l'autre s'agite, & fait grand bruit, pour apliquer son monde à toute autre chose qu'à ce qu'il a dessein de faire.

Dem. Comment définissez-vous le plaideur ?

Resp. C'est une ame toute plongée dans les traces qu'elle a reçuës de ses maisons & de ses terres, par raport ausquelles l'émotion des esprits est si grande, qu'elle cause des ébranlemens dans tout le reste du cerveau : d'où il arrive que le plaideur, non seulement trouve par tout l'image de son procés, mais encore qu'il y mêle mille incidens qui n'y ont aucun raport.

Dem. Comment se forme l'avare ?

Resp. Un homme reçoit de fortes impressions des commoditez de la vie. L'argent qui les donne, fait dans sa tête une trace si profonde, qu'il y entre toujours assez d'esprits pour le faire en tout tems courir au gain avec le dernier empressement : par le même mouvement d'esprits il garde avec inquiétude son argent, & il est desolé s'il lui en échape quelque piéce.

Dem. Ne voions-nous pas qu'un avare aime l'argent pour l'argent même ?

Resp. Point du tout. Mais espérant comme vivre toujours, parce qu'il aime infiniment la vie, il craint qu'en commençant la dépense il ne vive aprés son argent : par cette raison il remet toujours à la commencer, & rend ainsi sa vie malheureuse par le désir de son bonheur.

Dem. Et le prodigue comment l'entend-il ?

Resp. Le prodigue est une ame charmée des agrémens qu'elle a goûtez dans la vie. En conséquence du cours des esprits qui en couvrent continuellement les traces, il juge qu'il ne faut en laisser échaper aucun ; & qu'il ne doit rien remettre au lendemain, de peur que le tems ne s'en passe. L'avare craint que son argent ne passe trop vite : le prodigue craint que la vie ne dure pas assez long tems. Chacun d'eux a son tour d'imagination, & sa maniere de juger.

Dem. D'où tirerez-vous l'impie, le dévot, le bel esprit ?

Resp. Tous vont encore sortir des traces du cerveau & du mouvement des esprits animaux. Ce qui fait un impie, c'est un cerveau tellement pénétré de tout ce qu'il a reçû par les sens, qu'il n'entend plus d'autre langage que le leur, & qu'il n'en sçait plus parler d'autre. Les sens de l'impie sont devenus sa Raison ; tout ce qui ne s'y ajuste pas, lui semble des chiméres : s'il se mêle encore de raisonner, ce n'est que pour justifier tout ce que la Raison condamne. Pour le dévot, il faut faire une distinction : il y a dévot & dévot. L'un adore Dieu en esprit, & sacrifie ses passions à la justice. La Raison conduit celui-là ; c'est tout dire. Mais l'autre ne fait que se servir des termes de la piété ; & pour se paier de quelques postures, il ne refuse rien à son penchant. Celui-ci dépend des traces de son cerveau : il est interessé : il est sensuél : il est aigre : l'amour propre le dévore. Il ne difére donc en rien du commun des hommes : il a un autre tour d'imagination, que peut-être quelque vaine crainte a produit : il a d'autres manieres ; mais il n'est pas moins corrompu : il est d'autant plus à plaindre, que séduit par son propre manége, il va plein de lui-même jusqu'au tombeau. Si vous voulez présentement une idée du Bel Esprit, représentez-vous une ame charmée & esclave du commerce du monde. Des millions de traces qu'un cerveau a reçuës par ce commerce l'y tiennent atachée ; & font qu'autant que le monde lui plaît, autant elle lui veut plaire. Ainsi, elle ne se répait plus que des fantômes que lui présentent ces traces, elle dédaigne tout ce qui ne s'y raporte pas, elle apelle *visions* les idées pures de la vérité. Conduite donc par l'imagination, elle veut briller également dans la conversation, dans les sciences, dans les afaires : elle prétend tout voir, tout pénétrer, tout aprofondir ; & par tout ses fantômes la servant à point nommé, elle se remplit d'elle-même de plus en plus, toujours fermée à la vérité, toujours ouverte au sensible.

Dem. Ne voit-on pas quelquefois de ces beaux Esprits parler juste, & avec précision sur des matiéres dificiles ?

Resp. Le feu & la facilité de leur imagination leur fait retenir, redire, & représenter tout ce qui leur frape les sens, mais ils ne voient rien au delà. Ce qui en est la preuve convaincante, c'est qu'ils ne se fixent à rien, qu'aujourd'hui ils disent d'une maniere, demain d'une autre, selon les fantômes qu'on leur réveille ; & que des principes qu'ils ont semblé le mieux connoître, ils ne sçavent tirer nulle conséquence au besoin. Ainsi, l'on peut dire, que le Bel Esprit est une qualité trompeuse, un composé de fausses lueurs, & un obstacle invincible à la perfection de l'ame. C'est
pourtant

pourtant ce qui donne du crédit & de l'éclat dans le monde. Mais qu'il y a de diférence du jugement des hommes senfibles au jugement de la Raison !

Or du ridicule de tous ces diférens caractéres que je viens de vous marquer, il s'en forme un qui est commun à presque tous les hommes, c'est celui de *Moqueur* : ils ne peuvent voir la conduite les uns des autres, sans se moquer les uns des autres : mais il y a certaine constitution de cerveau, & telle constitution d'esprits animaux, qui donnent de grands avantages en ce point : ceux en qui ces qualitez se trouvent, remarquent tout, pincent par tout : ce sont des plaisans à désespérer & à faire mourir de rire.

Vous voiez donc, que l'Imagination comprend toutes les foiblesses & tous les déréglemens de l'Esprit humain, toutes nos miséres volontaires & involontaires. Les passions lui doivent toute leur activité & leur ardeur.

L

Dem. Les passions sont-elles volontaires ?

Resp. On peut les considérer en deux manieres, ou comme des habitudes de l'ame toujours inclinée à tels ou tels objets en conséquence d'une certaine disposition du cerveau, aquise & toujours entretenuë par des actes libres de la volonté ; ou comme des mouvemens subits, qui ne sont l'éfet d'autre chose que de la construction du corps disposé de maniere, qu'à la vûë d'un bien ou d'un mal les esprits reçoivent diférentes émotions, & le cours nécessaire pour mettre le corps dans la sitüation qui lui convient par raport à l'objet. En ce dernier sens la passion n'est point volontaire : elle est commune à tous les animaux. Nous en parlerons ailleurs suivant ce qu'elle a de métaphysique, de moral, & de physique. Ce que nous devons remarquer ici, c'est 1. que comme le mouvement des esprits animaux suit les traces du cerveau : de même en nous, le mouvement de l'ame suit la per-

La Métaphysique.

ception de l'esprit ; & par un retour qui seroit continuel, si le sang contribüoit toujours, le mouvement de l'ame donne de l'émotion aux esprits. 2. Qu'il est si rare que les hommes fassent éfort contre leurs inclinations naturelles & la violence de leurs passions, qu'encore qu'ils soient libres, on pourroit en s'y apliquant déviner la plûpart des choses qu'ils doivent faire. 3. Que de quelque maniere que les hommes agissent au dehors, ils ont toujours des raisons de leur maniere d'agir : raisons fondées dans des traces accessoires que personne ne peut déviner, parce que dans l'un elles sont toutes diférentes de celles qui acompagnent en l'autre la trace de tel ou tel objet d'amour ou d'aversion.

CHAPITRE XVI.

Comment Dieu connoit l'existance & les modalitez des corps. Solution des dificultez qu'on a sur cette matiere.

Dem. DIEU n'étant que vérité & justice : & les esprits n'aiant point d'autre objet que lui, où voions nous tant de fausseter que nous nous imaginons tous les jours ?

Resp. Vous faites ici un mélange de *voir* & *d'imaginer*. On imagine la fausseté, mais on ne la voit point. L'objet qui se découvre à l'esprit ne lui présente que la vérité, je veux dire que des idées qui ont entr'elles des raports réels. Mais l'esprit toujours trompé par les sentimens qui sont liez aux traces du cerveau y ajuste ses jugemens & ne conçoit plus dans ses idées que des raports qui n'y sont pas. Un homme, par exemple, aime plus son chien que son valet: cet amour naît d'un sentiment lié à telle trace de chien, d'un sentiment, dis-je, qui fait juger à cet homme que son chien vaut mieux que son valet, quoi qu'en raportant l'idée d'homme à celle de chien, on trouve moins de perfection dans le chien que dans le valet. Ainsi, vous voyez que comme la vérité ne se trouve qu'en Dieu, l'erreur, l'injure & la fausseté ne se trouvent qu'en nous.

Dem. Tout cela dependant entierement de nous, comment Dieu le connoit-il ?

Resp. Dieu le connoit, parce qu'il a donné telle & telle faculté à l'ame dont elle fait l'usage qu'elle veut : il le connoit parce qu'il est le scrutateur des cœurs, & qu'en qualité d'Etre parfait, il ne peut pas ne pas connoître ce qui se passe dans son ouvrage.

Dem. Les corps & les esprits étant tous diférens de sa substance, comment connoit-il qu'ils existent ?

Resp. Si leur essence lui est parfaitement connuë par les idées que lui en fournit sa substance, il ne connoit pas moins leur existance par la connoissance qu'il a de ses volontez qui l.. leur donnent actuellement. C'est ainsi qu'il voit le monde entier, & chaque créature en particulier.

Dem. Dieu peut-il par des idées qui n'ont ni mouvement ni figure voir des créatures qui ont figures & mouvemens ?

Resp. Ce qui forme la créature c'est la volonté de Dieu, ce qui lui donne tel mouvement & telle figure c'est la même volonté. Il sufit donc que Dieu connoisse sa volonté pour connoître telles ou telles modalitez d'un corps, que son idée lui représente comme capable de les recevoir. Dieu, par exemple, voit le soleil en considerant l'étenduë idéale, dont il s'est fait un modéle pour former un corps rond, mille & mille fois plus grand que la terre : il donne un mouvement continuel à toutes les parties de ce corps qui tourne continuellement sur son centre, & c'est sa volonté qui opere ces éfets. Il sufit donc que Dieu connoisse sa volonté pour voir le soleil tel qu'il est, sans qu'il y ait ni configurabilité ni figure, ni mobilité ni mouvement dans l'idée qui le repréfente. Sur quoi on peut dire que le foleil eſt comme en deux manieres en Dieu, *idéalement* & *éminemment*. Il y eſt *idéalement*, en tant que Dieu le connoit mobile & de telle figure; & il y eſt *éminemment* en tant que la ſubſtance divine en contient l'eſſence & les perfections.

Dem. Dieu voit-il le foleil autrement que nous ne le voions?

Reſp. Les volontez de Dieu qui donnent au foleil telle ou telle grandeur, telle ou telle figure, tel ou tel mouvement ne changeant point, Dieu voit toujours le foleil tel que le foleil eſt en lui même: ce que nous ne pouvons pas, d'autant que la perception que nous recevons à la préſence de cet aſtre, depend des mouvemens qui fe paſſent dans nos organes, mouvemens qui reçoivent des changemens infinis. Cependant il eſt vrai en un ſens, que Dieu voit le foleil tel que nous le voions, puis qu'il ſçait le ſentiment qu'il nous imprime pour nous le faire apercevoir d'un telle ou telle maniere.

Dem. Les Philosophes ne pourroient-ils point un peu aprocher de la maniere dont Dieu voit le soleil ?

Resp. Les Philosophes n'ont nul avantage au dessus des autres hommes dans la perception des objets sensibles. Le Philosophe peut sçavoir en quoi diffèrent le soleil materiel & le soleil idéal : il peut ne se pas arrêter au témoignage de ses sens qui lui representent le soleil materiel de tel diametre & avec telles qualitez : mais il a beau faire, il n'en peut avoir d'autres connoissances sensibles que celles qu'a le païsan : dont la raison est que l'étenduë idéale est l'objet des païsans aussi bien que des Philosophes ; & que dans les loix sur lesquelles nos perceptions sont fondées, il n'y a exception pour personne.

Dem. Dieu voit-il aussi toutes les chimeres que nous formons ?

Resp. Dieu ne veut point voir de faux raports dans ses idées. Cependant il voit tous nos phantômes par la connoissance qu'il a de la disposition qu'a l'esprit humain à les former, & dans les sentimens qu'il nous im-

La Métaphysique.

prime en conséquence de tel ou tel cours d'esprits dans le cerveau.

Dem. Et les objets qui sont agréables ou dégoutans comment Dieu les connoit-il ?

Resp. Dieu sçait que ces objets sont capables de produire tels ou tels mouvemens dans nos corps, & que nos ames sont capables de tels & tels sentimens qu'il a fait dépendre de ces mouvemens ; il sçait qu'il nous imprime actuellement telle ou telle sensation. Voila comment il connoit le facheux & l'agréable de tous les objets sensibles. Dieu ne sent ni nos dégouts, ni nos douleurs, ni nos plaisirs. Il ne connoit donc tout cela que par la connoissance qu'il a de ce qui est sensible en nous, & de son action sur ce sensible.

Dem. Dieu connoit-il les ouvrages de l'art comme ceux de la nature ?

Resp. Les uns ne sont pas moins que les autres des éfets de la sagesse & de la puissance de Dieu. Il connoit donc les uns & les autres également. Il voit par exemple, le Palais

L v

que médite un Architecte, & tel que cet Architecte l'a fait ou le fera, puis qu'il voit les raports que l'esprit découvre dans l'étenduë idéale à proportion de son atention, & qu'il sçait les mouvemens qu'il donne aux mains de l'ouvrier selon les loix de l'union du corps avec l'ame atentive à son objet : ainsi, le modéle de l'édifice étant en Dieu, & l'Architecte ne travaillant sur la pierre & le bois qu'à la faveur de ce modéle, & par l'action de Dieu dans son cerveau & dans ses bras, il est certain que Dieu voit & connoit l'art comme la nature.

Dem. Si ce modéle est toujours parfait, & si Dieu agit également dans les artisans, d'où vient que tous ne sont pas aussi habiles que ceux qui ont fait l'observatoire ou ces magnifiques statuës qu'on éleve aux Conquerans ?

Resp. C'est que ce modéle supose des raports conçûs ; & que tous ne conçoivent pas également, soit par disette d'esprit, soit faute de fléxibilité dans le cerveau : c'est que l'éxécution du dessein pris supose un: heureuse disposition d'organes dans l'ouvrier, & que tous ne sont pas heureusement disposez. Le modéle de tous les ouvrages de la nature & de l'art est également présent à tous : mais ceux qui conçoivent mal n'en tirent rien de magnifique. Dieu fait tous les mouvemens des mains de tous les Ouvriers, mais il laisse chacun d'eux suivre le dessein qu'il a pris, & proportionne son action à la détermination de leurs esprits animaux. C'est une loi qu'il s'est faite & qu'il veut suivre constamment.

Dem. Ne peut on dire en aucune maniere qu'un Palais soit dans l'esprit de celui qui le conçoit ?

Resp. On peut dire qu'un Palais est *intelligiblement* dans l'esprit de l'Architecte par l'union qu'il a avec la raison universelle qui renferme l'étenduë idéale, le modéle du Palais & les idées de toutes les choses materielles : mais de penser que ce Palais tel qu'il doit être au dehors composé de pierres & de bois, soit *éminemment* dans l'esprit de l'Architecte, c'est confondre l'étenduë avec la pensée, & se contredire dans les termes, par les raisons que nous avons vûës.

Dem. Sur cette distinction du Palais & de son modéle, ne pourra-t-on pas dire aussi, que chaque Palais est double, *intelligible*, & *réel* ?

Resp. Vous le pourrez, pourvû que par vôtre Palais *intelligible*, vous n'entendiez pas un être particulier, mais le modéle de vôtre Palais matériel, qui peut l'être d'une infinité d'autres Palais, & qui est Dieu entant que représentatif, non seulement de tous les êtres corporels, mais encore de tous les raports d'où dépendent leurs divers arrangemens, & toutes les figures selon lesquelles ils peuvent être taillez pour être tel ou tel ouvrage.

Resp. Puisque Dieu lui même est ce modéle, ne faut-il pas dire qu'on voit Dieu quand on regarde des corps?

Resp. Ce n'est pas voir Dieu que de le voir autrement que selon ce qu'il est en lui même : ne voir en Dieu que ce qui est relatif aux créatures, c'est voir les créatures & non pas Dieu. Ainsi, vous ferez bien quand vous regarderez des corps, de dire que vous voiez des corps, & de ne dire que vous voiez Dieu que lorsque vous verrez son essence ?

Dem. Mais ne dites vous pas vous même, que l'étenduë idéale ou le modéle des corps est Dieu ?

Resp. Je dis que c'est Dieu, mais Dieu entant que représentant les corps, entant que renfermant l'idée de l'étenduë, & participable par la nature corporelle.

Dem. Cette étenduë représentative n'est elle pas une substance ?

Resp. C'est un modéle substantiel, puis qu'elle nous représente des substances, mais absolument parlant elle n'est point substance, puis qu'elle ne comprend point l'essence divine, ou que ce n'est point Dieu en lui même, mais seulement Dieu en tant que participable par tous les êtres corporels, tant créés que possibles. Si vous vous y rendez atentif, vous verrez bientôt qu'elle n'est ni mode ni substance, quoi qu'elle ait les proprietez de l'un & de l'autre ; & qu'il est plus aisé de la concevoir que d'exprimer ce qu'elle est.

Dem. Si tout ce qui est en Dieu est Dieu même, ne dois je pas atribuer à l'étenduë idéale tout ce qu'on atribuë à Dieu ? Ne dois je pas l'adorer ?

Resp. Ce modéle consideré d'une veuë abstraite comme étant en Dieu comprend la puissance, la sagesse, la bonté, tous les atributs divins, n'y aiant rien en Dieu qui ne soit Dieu même ; & par conséquent il est juste qu'on l'adore. Mais Dieu en tant qu'archetype des corps ne nous présente aucun atribut adorable, & si nous nous avisons de l'adorer sous ce regard, nous tournerons vers les corps des cœurs qu'il n'a faits que pour lui. C'est encore un coup que Dieu veut être adoré selon ce qu'il est en lui même, & non pas ce qu'il a de relatif à ses créatures.

Dem. Ne craignez vous point en apellant étenduë idéale ce qui est en Dieu le modéle des créatures corporelles, de faire penser qu'il y a des corps qui ne sont point matiere, ou qu'il y a en Dieu une étenduë formelle ?

Resp. Le premier n'est point à craindre. On ne croira jamais qu'il y ait des corps qui ne soient point matière. L'idée de l'un emporte nécessairement l'idée de l'autre. Et l'on ne s'imaginera le second, que faute de distinguer la chose d'avec son idée : je ne dis pas qu'il y ait en Dieu de l'étenduë, je dis que l'idée ou le modéle de l'étenduë est en Dieu, & si j'apelle ce modéle *étenduë idéale*, c'est qu'on le conçoit comme étenduë, & qu'il est permis de parler selon sa maniere de concevoir. La diférence de l'étenduë & de son modéle, est que l'étenduë a les trois dimensions, longueur, largeur & profondeur ; & que le modéle n'est ni long, ni large, ni profond. L'étenduë a ses limitations, & est moins grande dans un petit espace que dans un grand. Le modéle n'a point de limitation, il est également grand par tout, & il comprend tellement les perfections ou les idées de tous les corps, qu'il est tout entier dans chaque idée.

Dem. Tout ceci n'aproche-t-il pas des idées platoniciennes ?

Resp. Platon faisoit de ses idées des êtres représentatifs, je ne vous déveloperai pas son sentiment, cela ne serviroit de rien : mais je puis vous assûrer qu'il n'entendoit pas cette matiere. Saint Augustin l'a mieux connuë que personne : ne reconnoissant pour lumiere des esprits que le Verbe de Dieu, il a toujours soutenu que nous voions en Dieu non seulement les véritez de morale, mais encore celles de l'Arithmétique & de la Géométrie, sans craindre qu'on lui reprochât de s'imaginer voir Dieu, quand il voioit que deux & deux font quatre, & qu'un quarré a quatre angles droits. A ce reproche il avoit la réponse toute prête, que de voir Dieu selon les raports sur lesquels nous comptons & calculons, ce n'est pas voir son essence, mais seulement des raports de lignes & de nombre, qu'il nous découvre. Persuadé de même que l'idée que chacun de nous a de l'étendue étoit en Dieu, il disoit souvent un *homme intelligible*, une *maison intelligible*, un *monde intelligible* sans craindre qu'on lui atribuât de mettre en Dieu de l'étenduë formelle, parce qu'en éfet on voit d'abord qu'il y a une diférence infinie entre l'intelligible & le materiel.

Dem. Saint Augustin croioit-il aussi que nous ne voions les corps que par l'idée de l'étenduë qui est en Dieu ?

Resp. Il ne le pouvoit pas, puisqu'il étoit dans le préjugé commun que les couleurs sont dans les objets. Tel ou tel objet étoit devant ses yeux, il sçavoit que la couleur les rendoit visibles, & il ne les distinguoit point de la couleur. Il ne se pouvoit donc qu'il ne crût voir les objets en eux mêmes. Mais joignez à son principe, que tout ce qui est éternel, nécessaire & immuable, ne se trouve & ne se voit qu'en Dieu, cét autre principe si connu & si démontré de nos jours, que les couleurs sont des sentimens que Dieu produit dans l'ame à la présence des objets. Voila saint Augustin persuadé que nous ne voions les corps que par les idées qui sont en Dieu, c'est à dire, qu'il n'auroit pas résisté à faire le même usage des couleurs, par raport à l'étenduë intelligible qu'il en faisoit par raport à l'étenduë matérielle. Car si l'étenduë qui est l'essence des créatures corporelles est en Dieu, & si la couleur qui nous fait distinguer chaque objet est en nous, il est évident, ce me semble, que l'ame raporte véritablement sa sensation de couleur à l'objet intelligible qui lui est présent, quoi qu'elle ne s'ocupe que de celui qui frape les yeux du corps.

Dem. D'où vient donc que tant de gens qui reçoivent ce principe que saint Augustin ne connoissoit pas, ne peuvent entrer dans vôtre sentiment?

Resp. C'est qu'ils veulent tirer de leur propre fond toutes leurs idées, & trouver en eux les perfections de tous les êtres. On a beau leur faire voir le ridicule de ce préjugé, ils repetent continuellement qu'on croit voir Dieu quand on voit les corps, & qu'on met en Dieu une étenduë formelle, sans considerer que par là ils s'acusent eux mêmes de prétendre voir leurs ames quand ils regardent des corps, & d'établir dans ces mêmes ames une étenduë formelle. Aparemment ils n'ont pas ce dessein. Mais il est aussi aisé de faire voir qu'ils ne se peuvent sauver de la formelle étenduë, que de montrer par nos principes qu'elle est entierement bannie de la substance divine.

Dem. De quel usage nous sont ces principes ?

Resp. Ils nous découvrent de plus que nous ne sommes que ténébres à nous mêmes, que nos sens ne nous proposent que des phantômes, que tout ce monde n'est qu'une figure trompeuse, que nous ne pouvons rien, & que Dieu est tout. Jugez si tout cela s'acorde mal avec la foi. Mais pour nous convaincre de plus en plus de ce que Dieu est, & de ce que nous sommes, il faut autant qu'il nous sera possible considerer l'ordre de la nature, & l'exercice de l'éternelle providence.

CHAPITRE XVII.

Dieu fait tout dans le corps & dans l'esprit

Dem. COmment sçavons-nous qu'il y a une Providence ?

Resp. Dieu fait tout. Dieu a tout prévû, tout comparé, tout ajusté à la fin qu'il s'est proposée : donc Dieu fait tout sagement. Si vous reconnoissez cette action universelle & infiniment sage, vous reconnoissez la Providence.

Dem. Expliquez moi, je vous prie, que Dieu fait tout.

Resp. Dieu est le seul maître de son Ouvrage. Dieu seul le connoit parfaitement. Il n'y a donc point de creature qui puisse y rien changer, ni même en sçavoir la maniere ; & Dieu seul peut faire & de faire tout ce que nous voions dans la nature.

Dem. Si Dieu veut donner quelque puissance à la créature n'agirat-elle pas aussi par elle même ?

Resp. Dieu peut vouloir que la creature agisse, & il le veut en effet : mais il se reserve toujours la puissance.

Dem. De quoi servira donc l'action de la créature ?

Resp. Dieu exercera par elle sa puissance, selon les régles qu'il s'est prescrites.

Dem. Mais pourquoi ne voulez-vous pas que Dieu lui fasse quelque part de cette puissance ?

Resp. Et vous même, pourquoi voulez-vous que Dieu fasse ce partage. La puissance de Dieu, c'est sa volonté. Cette volonté peut elle passer de lui dans la creature ? Mais suposé qu'il la partage, combien en donnera-t-il à la creature, & combien en retiendra-t-il. Si peu que la creature en reçoive ne sufira-t-il pas pour produire tels & tels éfets, sans que Dieu s'en mêle davantage ? Ou s'il faut toujours que Dieu s'en mêle, pourquoi lui faire partager sa puissance ? N'aura-t-il pas aussi tôt fait de faire tout ?

Dem. L'expérience ne nous aprend-elle pas que les créatures agissent, & que leur action produit tels & tels éfets ?

Resp. Si vous en jugez sur ce que vos sens vous disent, vous devez conclurre que Dieu ne fait rien, & que les créatures font tout. Mais ce n'est pas par les sens qu'il faut ici se conduire : vous voiez l'action des créatures, & vous voiez des éfets qui sont comme unis à cette action, j'en conviens ; mais vous ne voiez pas que cette même action produise ces éfets. L'action qui les produit, c'est celle de Dieu, c'est la volonté de Dieu : car Dieu n'agit & n'exerce sa puissance que par sa volonté. Un corps en choque un autre, & celui-ci est mis en mouvement ; mais il y est mis par la puissance qui le tenoit en repos. Une ame passe du plaisir à la douleur. C'est toujours la même puissance qui agit en elle ; car cette puissance ne peut être vaincuë que par elle même ; & les diferens éfets que nous voions ou que nous sentons, sont les suites de ses diférentes manieres. Vous ne con cevrez jamais que les créatures partagent avec Dieu la puissance, ni qu'aucune chose se puisse faire que par la puissance de Dieu. En éfet comme Dieu par sa seule volonté a créé les corps & les esprits, c'est de même sa sa seule puissance qui les conserve, & qui les fait passer d'un état à un autre. Quelque changement qu'il arrive, leur conservation n'est que leur création continuée ; & par conséquent rien n'agit dans les uns & dans les autres que la main qui les a créez.

Dem. Quand une fois des créatures ont reçû l'être, ne peuvent-elles pas le conserver ?

Resp. Vous voiez tous les jours qu'un ouvrage, une maison, par exemple, où une statuë subsiste sans la main de l'ouvrier qui l'a faite : mais c'est que cet ouvrier ne donne pas l'être à la matiere dont il arrange les parties. Dieu le donne cet être, vous le sçavez ; & afin qu'il ne cesse pas, il faut que Dieu le donne toujours. Ainsi, la création ne passe point. Si le moment en passoit, la volonté de créer cesseroit ; & que deviendroit l'effet, la cause réelle ne subsistant plus ?

Dem. Mais si toutes choses ont été créées dans un instant, comment la création ne passe-t-elle point ?

Resp. C'est que la volonté qui a donné l'être & la forme à toutes choses, continuë de leur donner l'un & l'autre : elle peut ne pas continuër, comme elle pouvoit ne pas créér : mais comme il ne se peut qu'elle n'ait créé en conséquence du décret libre & éternel, il ne se peut aussi qu'elle ne soûtienne & ne conserve ses créatures. La volonté qui nous conserve l'être, est donc précisément la même que celle qui nous l'a donné. Or c'est de cette volonté que je dis, que son moment ne passe point, & qu'elle s'étend sans succession dans tous les tems, comme elle est toute sans nécessité dans le premier moment ; d'où vous devez conclurre que comme vous n'êtes que parce que Dieu l'a voulu, il ne se passe aussi rien en vous ni en toute autre créature qu'autant que la même volonté l'y produit.

Dem. Dieu donnant l'existence aux corps

corps & aux esprits, n'a-t-il pas pû leur donner aussi une puissance qui leur soit propre ?

Resp. Il n'en est pas de la puissance comme de l'existence ; La créature ne peut être distinguée de son existence, puisque rien n'est que ce qui existe ; mais on peut fort bien séparer d'elle la puissance, ou ce qu'on apelle éficace propre : Dieu en nous créant ne partage point avec nous son existence ; mais il s'ôteroit à lui même ce qu'il nous donneroit de puissance.

Dem. Y a-t-il quelque danger à croire que les créatures ont de la puissance ou de l'éficace propre ?

Resp. Rien n'est plus pernicieux que la conviction où l'on est à cet égard. C'est le principe de l'idolatrie, c'est la source de tous nos malheurs. On croit que les créatures peuvent agir en nous & y répandre le plaisir & la douleur, c'en est assez pour nous atacher à la terre & nous remplir de l'amour & de la crainte du monde.

Dem. Est-ce un mal de les craindre & de les aimer, quand on craint

& qu'on aime Dieu infiniment davantage ?

Resp. C'est une Loi de ne craindre & de n'aimer que Dieu. Mais que ce n'en soit pas une, suivant ce principe, que les créatures ont une éficace propre, & qu'elles agissent immediatement sur nous, on les aimera toujours infiniment plus que le Créateur, parce qu'on sentira toujours leur action, & point du tout celle du Créateur. Les hommes prendront divers detours pour justifier le déréglement de leur amour & de leur crainte. Mais au fond convaincus par leurs sentimens, ils demeureront livrez à la créature durant tout le cours de leur vie. Il faut donc tenir pour constant que Dieu fait tout dans les corps & dans les esprits, que les créatures ne sont que foiblesse & impuissance, & que toute action n'est autre chose qu'une suite de moiens que Dieu a choisis pour faire tout par lui même, suivant les decrets éternels.

Dem. Mais ne sentons nous pas que nôtre ame a le pouvoir d'agir en elle même, que le corps, par exemple, étant bien disposé, elle s'en réjouït & fait ainsi son plaisir.

Resp. Vous sçavez bien que les changemens qui arrivent à vôtre corps au moment que vous recevez du plaisir, vous sont inconnus, que quelquefois ces changemens ne sont pas propres pour la santé : vous sçavez bien que vous n'avez jamais pensé à les examiner, & que le plaisir vous a toujours prévenu & ocupé tout entier. Vous pensez donc contre toute raison, si vous croiez que vôtre plaisir soit vôtre ouvrage. Mais si vous sçavez le produire en vous, pourquoi ne vous le donnez vous pas toujours ? Pourquoi faire place à des douleurs qui vous incommodent si fort ? Vous ferez mieux de convenir, que les corps en qualité de substances inférieures, ne pouvant agir en vous, & vôtre ame ne pouvant agir en elle même, c'est en Dieu seul que réside la puissance de vous modifier.

Dem. Mais si Dieu fait tout, de quelle maniere sommes nous libres ? Peut-on dire que les choix que nous faisons soient de nous ?

Resp. L'Auteur de la nature nous imprime un amour continuel pour le bien général qui renferme tous les biens particuliers, au lieu de tâcher à les embrasser tous à la fois, nous nous atachons à tel ou tel bien. Voila ce qui est de nous : mais ce n'est pas là proprement une action, c'est plutôt un defaut d'action ; & cette paresse ou ce mauvais choix est ce qui fait le déréglement du cœur, c'est un abus de la liberté dont le vrai usage est de consentir toujours à toute l'impression que nous recevons pour le souverain bien, & de ne rien rabatre de l'infinité de biens qu'il nous ofre.

Dem. Mais si Dieu ne fait point ce consentement, ne voila pas quelque chose que Dieu ne fait point ?

Resp. Vous devez avoir compris que ce consentement est plutôt un repos qu'une action, un repos par raport au souverain bien, vers lequel le mouvement que nous avons est naturel : ou un repos par raport à un bien particulier. Cependant si l'on vouloit que ce fut une véritable action, & non pas un jugement dans le quel nous nous repofons, je dirois pour ne pas difputer du nom, que Dieu fait tout, excepté le confentement de la volonté. Si vous avez compris que Dieu fait tout, confultez ce qui fe paffe en vous même, vous n'hefiterez pas là deffus.

Dem. Sufit-il de fçavoir que Dieu fait tout, pour lui rendre ce qui lui eft dû?

Refp. La conviction Philofophique eft peu de chofe, il faut une conviction qui regne dans le cœur & qui fe répande fur la conduite ; mais la premiere nous fait connoître la néceffité de la feconde, & ôte tout prétexte à nôtre orgueil. Venons à la prévifion.

CHAPITRE XVIII.

Comment Dieu agit. Ordre de sa Providence dans l'arrangement des corps.

Dem. Expliquez moi, je vous prie, comment Dieu a tout prévû.

Resp. Dieu est l'être infiniment parfait. Il a donc une intelligence infinie, par cette intelligence il connoît tous les êtres qu'il peut créer, il les subordonne suivant la subordination de ses idées, & voit tous les raports qu'ils peuvent avoir les uns aux autres. S'il veut en produire au dehors, il a un objet principal auquel ils se raportent tous, & comme tous les raports qu'ils doivent avoir entr'eux se doivent terminer à cet objet, il n'y a pas un de ces raports qu'il n'ait comparé avec tous les autres, pour ne se pas méprendre & pour arriver heureusement à la fin qu'il s'est proposée. Alors ce qu'il se doit à lui même c'est d'agir dans tous ces êtres de manière, que dans son action, la prescience soit marquée avec ses autres perfections infinies.

Dem. Trouvez-vous que tout ce qui se passe dans les corps & dans les esprits, réponde à cette idée que vous avez de l'être parfait?

Resp. Tout ce que l'expérience nous aprend chaque jour y répond si parfaitement, que ce qui semble y être le plus oposé, est ce qui la justifie le plus.

Dem. Comment découvrez vous, par exemple, l'immutabilité du Créateur dans tous les changemens que nous voions parmi les corps?

Resp. En ce que par ces changemens il est indubitable que c'est une seule & même volonté qui opére dans la nature corporelle. Car si Dieu en emploioit plusieurs, les choses seroient autrement que nous ne les voions. Or une seule & même volonté opérant tant de diférens éfets, il est évident que l'Etre qui agit est immuable, puisque c'est du côté de sa volonté, & non pas du côté des changemens qui arrivent à la créature, qu'on doit le regarder.

Dem. Pourquoi les choses ne seroient elles pas comme elles sont, si Dieu emploioit plusieurs volontez pour agir à chaque moment dans les corps ?

Resp. C'est que Dieu proportionnant toujours les moiens à la fin. On ne verroit pas une infinité de créatures naître & périr en même tems. On ne verroit pas des pluies abondantes tomber sur du sable, & laisser là des terres labourées : chaque chose produiroit toujours l'éfet qu'elle doit produire.

Dem. Dieu proportionnant toujours les moiens à la fin, qu'il emploie plusieurs volontez ou qu'il n'en emploie qu'une seule, ne faudra-t-il pas toujours que les mêmes éfets s'ensuivent de son action ?

Resp. Non ; car telle volonté particuliere a nécessairement telle fin particuliere, & doit produire tel éfet qui réponde à cette fin. Mais une seule & même volonté pour toutes sortes d'éfets, ne supose qu'une fin générale, & il sufit que tous ces éfets se raportent à cette fin : le reste est sans conséquence.

Dem. Quel inconvenient y auroit-il que Dieu agit par plusieurs volontez dans la production de divers éfets?

Resp. Dieu est cause universelle. Il faut donc qu'il agisse d'une maniere qui réponde à ce qu'il est. Il faut que sa maniere d'agir, ou que chaque action comprenne, pour ainsi dire, sa prescience infinie, l'objet principal qu'il a en vuë, & les comparaisons qu'il a faites de toutes sortes d'éfets. Ce qui ne seroit pas ainsi, s'il changeoit à tous momens de volonté. Son action au contraire n'auroit plus rien qui la distinguât de celle des intelligences bornées qui ne peuvent avant que d'agir, ni tout comparer ni tout prévoir. Oseriez vous bien mettre vôtre main dans le feu, pour voir si Dieu que vous aimez & qui vous aime, empêchera que vous ne vous brûliez ? Je suis sûr que vous n'oseriez le faire ; & vous ne le ferez pas, parce que vous sçavez que si Dieu vous aime, il aime encore plus sa sagesse ou les régles selon lesquelles il agit dans les créatures. Vous sçavez que si vous aimez Dieu, vous avez d'autres voies pour marquer vôtre amour, & qu'il n'est pas obligé de vous marquer le sien en la maniere qu'il vous plait de lui prescrire. Suposé néanmoins que chaque chose qu'il fait il la fit par une volonté spéciale, il ne devroit pas vous brûler, puisque vôtre confiance rendroit honneur à sa justice, & qu'il n'y auroit nulle raison qui l'empéchât de vous sauver de la brulûre.

Dem. Mais Dieu ne peut-il pas avoir des raisons que nous ne connoissons pas ?

Resp. Les raisons particulieres de la conduite de Dieu nous sont tres-cachées : mais il est tres certain qu'elles se réduisent toutes là, qu'il veut que tout ce qu'il fait exprime ou sa justice ou sa sagesse. Or dans l'exemple que je viens d'aporter il n'a point égard à sa justice, c'est donc qu'il doit davantage à sa sagesse qui demande de la constance & de l'uniformité dans sa conduite.

Dem. Montrez moi comment Dieu

n'a qu'une seule & même volonté dans tous les éfets qu'il produit ?

Resp. Dieu a tout prévû. Dieu a voulu tout ce qui pouvoit servir à ce qu'il avoit principalement en vûë. Les mouvemens des corps, par exemple, y peuvent servir. Il a donc voulu ces mouvemens. Cette volonté par laquelle il les a voulu, toujours subsistante & renduë pratique, est celle là même par laquelle il les produit.

Dem. L'action de cette volonté ne supose-t-elle rien dans les corps ?

Resp. Elle n'y supose rien en les créant, puisque pour avoir quelque proprieté il faut qu'ils existent : mais l'expérience nous aprend qu'aprés la création elle y supose le choc, de maniere que lors qu'ils se choquent, elle les met toujours en mouvement, & qu'elle ne les y met point lors qu'ils ne se choquent pas. D'où il s'ensuit que c'est du choc uni, pour ainsi dire, à cette volonté générale & primitive que dépend la durée & la conservation de la nature corporelle.

Dem. Mais si le mouvement supose le choc, le choc ne supose-t-il pas le mouvement ?

Resp. Oui sans doute. Aussi Dieu commença-t-il par imprimer du mouvement à la matiere. Il en remüa le premier grain, & depuis il a continué son action, suivant les divers chocs qui ont suivi ce premier mouvement.

Dem. Quelle idée faut-il donc avoir des corps vivans ?

Resp. Dans les mouvemens qui se présentent à vous de toutes parts, vous devez considerer une infinité de parties de la matiere, qui d'elles mêmes immobiles se choquent les unes les autres sans se remuër : pas une petite partie d'eau, pas une petite partie d'air que Dieu ne remuë, pas un grain de matiere qu'il ne pousse, c'est par ces mouvemens qu'il fait vivre tous les corps. Un peu d'eau & de terre, par exemple, que Dieu fait glisser entre les fibres, ou les filamens de ces arbres que vous voiez, les rend chaque année si beaux & si touffus, c'est par la même voie qu'il leur donne leur grosseur, & que de pepins il les a faits ce qu'ils sont. Vous avez assez vû en quoi consiste la vie des animaux.

Dem. Pourquoi parmi les Ouvrages de Dieu y a-t-il tant d'arrangemens monstrüeux ?

Resp. Des corps qui d'eux mêmes ne peuvent se choquer que par une impétuosité aveugle, ne peuvent pas toujours être régulierement arrangez. On y voit des monstres : mais si ces monstres défigurent la nature corporelle, ils ne nuisent point au dessein principal du Créateur. Ainsi, quand vous en voiez paroitre, souvenez-vous que Dieu s'est fait une Loi d'agir dans les corps, suivant le choc qu'ils reçoivent les uns des autres, & qu'il ne se peut que les bizarreries du choc ne mettent des irrégularitez dans l'ouvrage, d'autant que ces mêmes irrégularitez ne méritent pas que Dieu, pour les détourner mette de l'inégalité dans son action. Par ce principe vous verrez sans étonnement que Dieu détruit une infinité de créatures, qu'il sembloit avoir pris plaisir à orner & à embelir : vous ne serez point surpris qu'il rende affreuses des sampagnes qu'il venoit d'enrichir de fruits & de fleurs, qu'il calme & agite les mers plusieurs fois dans un même jour, qu'il répande la peste dans les corps les mieux formez. Ce sont des bizarreries qui ne doivent point entrer en compte, par les grands éfets que produit la même action d'où elles sortent à cause du choc.

Dem. Ne pourroit-on pas dire ou que Dieu ne fait pas les monstres, ou que s'il les fait, c'est afin qu'ils fassent le même éfet dans la nature, que les ombres dans un tableau ?

Resp. L'imagination nous fait dire bien des choses quand nous n'y prenons pas garde. Dieu fait tout, les monstres aussi bien que les corps parfaits. Mais il n'agit point pour faire des monstres, il ne les fait, que parce que selon la maniere d'agir qu'il veut suivre, il ne se peut qu'il ne les fasse. Cela fait assez voir que Dieu ne prétend point faire des monstres ce que les ombres sont dans un Tableau. Ce sont des ombres dont nous nous passerions bien, & qu'assurément Dieu ne feroit point, si pour ne les pas faire il n'étoit point obligé de troubler l'uniformité de sa conduite. Remarquez que la premiere partie de vôtre demande est fondée sur le préjugé ridicule, qu'il y a deux principes qui partagent la puissance, l'un pour le bien, l'autre pour le mal : & que la seconde enferme cette pensée détestable, que les monstres & les plus grands desordres sont nécessaires à Dieu. Je vous en avertis, afin que vous vous teniez en garde de plus en plus contre les fausses lueurs de l'imagination.

Dem. Mais Dieu ne veut-il pas les monstres, puis qu'il les fait ?

Resp. Il les veut, mais indirectement : il les veut, non pas comme sa fin, mais comme des éfets qui resultent des loix par lesquelles il conserve le monde, & qu'il ne veut pas empécher par les raisons que je viens de vous dire.

Dem. Qu'est-ce donc que Dieu veut directement ?

Resp. Chaque bon éfet qu'il produit.

Dem. Expliquez-moi, je vous prie, cette volonté directe.

Resp. Dieu prévoit tous les éfets

des loix, selon lesquelles il doit agir dans les corps & dans les esprits, il veut en particulier chacun de ces bons éfets, & il n'établit les loix qu'à cause qu'elle les doivent produire. Voilà ce que j'apelle vouloir directement. Il prévoit, il compare, il veut, il agit selon les régles qu'il s'est prescrites. Cette action est, comme je viens de vous dire, sa volonté primitive & antécédente renduë pratique dans le tems.

Dem. Dieu ne pourroit-il pas se faire de telles régles pour agir dans les corps, que sans troubler l'uniformité de sa conduite il les eut tous régulierement arrangez.

Resp. Il le pouvoit : mais sans parler présentement des raisons qu'il a euës de ne le pas faire, si la conduite qu'il tient est plus simple, & le mene aussi surement à la fin qu'il s'est proposée, si elle est plus convenable à la nature des corps mêmes, qui sont des causes nécessaires & aveugles, pourquoi en eût-il pris une autre ? Il y a quelques inconveniens, j'en demeure d'acord. Mais ces inconvebiens ne regardent que nous & n'empêchent pas que nous ne recevions tous les biens qui nous sont nécessaires. La volonté qui agit en conséquence du choc des corps peuple la terre, l'air & les mers d'animaux d'une infinité d'espéces : elle les produit avec une varieté de mouvemens plus admirables que tout ce que nous pouvons exprimer, & avec des parures que toute la magnificence des Roys n'imitera jamais. Les plus petits sont ceux dont les mouvemens & les ouvrages sont les plus merveilleux. La même volonté fournit à chacun d'eux la nourriture qui lui est propre, elle fait lever le soleil, elle éleve des vapeurs, elle répand des pluies pour la préparer, c'en est assez, ce me semble, pour nous. Aprés cela nous ne devons pas trouver étrange que Dieu agisse en la maniere qui lui convient.

Dem. Pourquoi avec toute cette providence, tant d'animaux qui viennent de naître périssent-ils faute de nourriture ?

Resp. C'est que ni le pere ni la mere ne leur aportent pas de quoi manger. Dieu pourvoit à tout, mais c'est selon les régles qu'il s'est prescrites : par ces régles il nourrit les animaux : par ces mêmes régles en telle ou telle circonstance il les laisse mourir : elles lui servent également à former, à conserver, à detruire, à réparer : & c'est cette contrarieté d'éfets produits sur telles & telles vûës, & proportionnez à telle fin, qui fait la sagesse autant que la fécondité de la providence.

CHAPITRE XIX.

Ordre de la Providence dans les raports du corps à l'ame, & de l'ame au corps.

Dem. PAR quelles voies Dieu agit-il dans nos ames?

Resp. Dieu a connu que le corps humain recevroit divers mouvemens par le moien des corps qui l'environnent, il a connu le dégré de chacun de ces mouvemens, & il a voulu généralement que chacun d'eux fut suivi de tel ou tel sentiment de l'ame. Ainsi, la même volonté qui proportionne le mouvement au choc, agissant au premier mouvement qui se passe dans le corps, l'ame reçoit du plaisir ou de la douleur, suivant la nature de ce mouvement, & ce plaisir ou cette douleur nous font chercher ou éviter ce qui nous convient ou ce qui nous est nuisible.

Dem. Mais pourquoi des sentimens si vifs ? Pourquoi des douleurs si cruëlles, & des plaisirs si séduisans ? Des sentimens moderez sur chaque chose ne sufiroient-ils pas pour nous la faire fuir ou chercher ?

Resp. Il n'y a rien de trop dans l'action de Dieu en nous. Il faut que des pécheurs aient des sentimens vifs & tres incommodes sur ce qui est contraire à ce que demande leur corps. Par là ils rendent hommage à la majesté qu'ils ont violée : il faut qu'ils en aient encore de tres vifs, mais de tres agréables sur ce qui se raporte au bien de ce même corps. Par là ils ont occasion de se sacrifier eux mêmes par diverses privations à la puissance dont ils tiennent l'être & la vie.

Dem. Ne pourrions nous pas rendre hommage à la Majesté de Dieu par nôtre aplication à contempler l'une & l'autre, & par le sentiment de nôtre dépendance?

Resp. C'étoit ainsi qu'Adam dans l'innocence honoroit les atributs divins. Car de s'abstenir des plaisirs dont on n'a pas laissé entrer l'impression dans son ame, & dont on connoit distinctement la fragilité & les mauvais éfets, ce n'est pas un grand sacrifice. Mais la dépendance où nous sommes de nos corps a tout changé. Nous devons comme Adam contempler les perfections divines & reconnoître nôtre dépendance. Mais en qualité de pécheurs nous devons nous sacrifier par les douleurs qui font tant horreur à la nature, & par la privation des plaisirs pour lesquels elle a tant de penchant.

Dem. Comment la douleur & le plaisir nous font ils chercher ou éviter ce qui nous est nécessaire ou nuisible?

Resp. La même puissance qui pro-

La Métaphysique. 285

duit des mouvemens dans le corps, & des sentimens dans l'ame, voulant porter son action de l'une à l'autre substance, a comme ataché certaines volontez à nos sentimens, & en conséquence de ces volontez elle produit de nouveaux mouvemens dans nos corps, par lesquels nous nous unissons aux objets qui nous conviennent, & nous évitons ceux qui nous incommodent. C'est de là que dépend tout le commerce de la vie.

Dem. Aprenez moi, je vous prie, comment se forme ce commerce ?

Resp. Les hommes, comme nous avons vû ailleurs, ont ataché leurs idées à telles & telles inflexions de la langue, qui forment ce qu'on apelle des lettres, des syllabes & des mots. Ces mots s'impriment sur le cerveau de tous, & chacun s'en servant quand il lui plait, chacun exprime ses pensées à qui bon lui semble : si ces pensées ne s'assortissent pas avec les dispositions de l'un, elles s'assortissent avec les dispositions de l'autre. Les visages s'impriment sur le cerveau avant les paroles ; & chacun de nous cherche celui avec lequel il a le plus de convenance. C'est ainsi que dans la societé générale des hommes il se forme une infinité de sociétez particulieres : l'une a souvent un objet diférent de l'autre, mais elles ont toutes le même principe, les impressions que les hommes reçoivent les uns des autres.

Dem. Quels sont les éfets particuliers de ces impressions ?

Resp. Elles font que les hommes se communiquant par elles les uns aux autres leurs idées, les ignorans s'instruisent par le moien de ceux qui sont déja instruits, elles font que nous nous intercessons pour ceux que nous croions malheureux : elles font que chaque famille se distingue des autres par la tendresse qu'ont les uns pour les autres ceux dont elle est composée : elles font que chacun travaille d'une maniere ou d'une autre pour la conservation de tout le corps de la societé humaine. Ce sont des liens naturels, par lesquels les hommes destinez à vivre ensemble & à se secourir mutuellement, se trouvent unis entr'eux

& même avec les animaux. Par là ils s'imitent les uns les autres & entrent dans les mêmes passions. Celui qui n'a pas à cét égard une disposition de cerveau convenable, est comme une pierre irréguliere, qui ne peut entrer dans un édifice.

Dem. Montrez moi comment par la disposition de nôtre cerveau nous sommes portez à nous secourir les uns les autres.

Resp. Dans quel état vous trouvez vous à la vûë de quelque mal ? Ne vous sentez vous pas émû ? Et cette émotion ne vous fait elle pas jetter un cri ? Ce cri dépend-t-il de vous ? Ne le poussez vous pas sans y penser ? Mais de plus n'excite-t-il pas ceux qui l'entendent ? Et quoi qu'il ne spécifie rien, ne les détermine-t-il pas à remédier de tout leur possible au mal qui presse ? L'Etranger, le Citoien, le pauvre & le riche ne sont ils pas également sensibles à ce cri ? Ce sont là des éfets de la loi de l'union de l'ame & du corps. Le seul ébranlement du nerf optique débande dans le cerveau certains ressorts qui vous font avancer & crier pour assembler du secours dans le besoin.

Dem. Un cri fait exprez ne produit-il pas le même éfet ?

Resp. Il produit d'abord dans les autres la même émotion : mais non seulement cette émotion n'a pas les suites du cri naturel ; elle en a de toutes contraires par raport à celui qui l'a poussé : abusant de ce qui a été établi pour sa conservation, il souleve contre lui ceux qu'il a émûs, & ils l'abandonnent à sa légéreté. C'est l'éfet de l'interêt que chacun prend naturellement à ce qui regarde le bien commun.

Dem. Mais si un homme saisi d'une vaine fraieur jette un pareil cri, aura-t-on de l'aversion pour lui, parce qu'il est foible & que tout l'éfraie ?

Resp. Non : on sera touché de quelque compassion par raport à lui; & en même tems on se moquera de ses alarmes. C'est ce qui arrive toujours & tres à propos pour les foibles. Par là on les secoure dans leur foiblesse ; & en les rassurant on les corrige

de

de leur peu d'atention à discerner ce qui est un mal d'avec ce qui n'en a que les aparences.

Dem. Qui sont ceux que nous sommes le plus portez à secourir ?

Resp. Ce sont ceux qui se trouvent dans un danger visible ; les vieillards & les enfans que l'infirmité de l'âge expose le plus aux accidens de la vie. La grimace qu'ils font en s'adressant à nous, d'abord incline l'ame par l'impression que reçoit le corps, à leur donner le secours qu'elle peut : & comme par l'état où ils se trouvent nous sommes portez à les secourir : aussi sentent-ils par la même voie la disposition où nous sommes à leur égard. Un enfant, par exemple, reçoit de telle maniere l'impression d'un visage, qu'il sent incontinent si on lui veut du bien ; & qu'il fuit ou s'aproche, suivant l'air qu'il a aperçû. Tout cela en conséquence des raports que Dieu a mis entre ses creatures pour leur mutuelle conservation, & par la loi de l'union de l'ame & du corps.

Dem. Cette disposition ne peut-elle pas changer ?

Resp. Elle change quand il intervient d'autres sentimens qui détruisent ceux qui résultent de la construction de la machine. Un homme, par exemple, cesse d'être pauvre ou infirme, il devient fort, riche, puissant ; il ne craint plus, il ne s'abaisse plus, il ne flate plus : l'air de confiance & d'indépendance succéde à la timidité. Cét homme produit en d'autres ce que d'autres avoient produit en lui, il est touché pour eux dans l'occasion comme ils étoient touchez pour lui.

Dem. La maniere dont les hommes se portent à s'élever les uns au dessus des autres n'est elle point contraire en même tems à la conservation de la societé ?

Resp. J'avoüe que les dispositions de l'homme corrompu ne peuvent par elles mêmes produire que du mal ; mais s'il porte sa corruption par tout, l'Auteur de la nature a tellement disposé toutes choses, que ce qui se trouve de plus mauvais par soi même dans nos inclinations, tourne ordinairement à l'avantage de tout le corps politique. Le désir de la gloire, par exemple, & des charges, fait travailler pour la patrie, & donne du courage dans les ocasions où la force doit être emploiée: il sert même à établir la subordination, & contient ceux qui demeurent en arriere.

Dem. Expliquez moi, je vous prie, comment ce désir peut avoir de telles suites?

Resp. Remarquez ceci. Ceux qui sont parvenus aux charges sentant bien l'envie que leur élevation peut produire dans les autres, leur font entendre par mille manieres afectées qu'ils reconnoissent en eux un génie & un mérite superieur, ils leur font largesse de paroles obligeantes; & ceux-ci trompez par ces vaines aparences les laissent jouïr de leurs honneurs, & se dédommagent eux mêmes de la bassesse où l'on les laisse, par l'opinion qu'ils prennent de leurs qualitez. Ainsi, l'on peut dire que l'inclination qu'ont les hommes à faire des complimens, est comme le correctif de celle qu'ils ont à s'élever les uns au dessus des autres, & fait comme une compensation de jouïssance & d'idées, qui toute inégale qu'elle est les fait tous conspirer pour leur mutuelle conservation. Par là vous voiez que les raports que Dieu a mis entre nos inclinations pour nous unir les uns aux autres, sont encore plus admirables que ceux qui sont entre les corps, ou entre les esprits par raport aux corps.

Dem. Mais avec toute cette providence ne voions nous pas que les hommes exercent d'étranges violences les uns contre les autres?

Resp. Mais aussi voions nous, que malgré ces violences, la société subsiste. Si vous voulez reconnoître là le doigt de la providence, remarquez encore ce qui se passe entre deux hommes d'ont l'un veut acabler l'autre. Celui-ci trouve dans sa foiblesse même de quoi se tirer du danger qui le menace. A la vûë d'un visage que la passion a rendu terrible, la crainte dont il est saisi fait une distribution d'esprits animaux qui lui donne un air pitoiable & supliant. Ainsi, l'ébranlement de son cerveau, qui se répand, pour ainsi dire, sur tout son corps, saisit en quelque sorte l'imagination de l' énemi, & en la calmant le desarme.

Dem. N'arrive-t-il pas souvent que les fibres du cerveau de cét énemi, & ses esprits animaux ont reçû des mouvemens si violens & si contraires à ceux qui font naitre la compassion, que l'air ni la posture, les gémissemens ni les larmes ne font point d'impression sur lui ?

Resp. Quand cela arrive, vous voiez aussi qu'en un instant le suj l; change d'air & de contenance. Tout ce qu'il a d'esprits se rassemble, pour peindre sur son visage le desespoir & la fureur ; & l'énemi frapé soudainement d'un objet si afreux, perd sa vivacité & son action : il semble que ses esprits se fixent, ou qu'ils ne soient plus propres qu'à lui donner le mouvement dont il a besoin pour se conserver lui même. C'est par cette revulsion que son cerveau reprend la disposition qui incline l'ame à la misericorde : & le miserable sur qui la crainte de la mort venoit de peindre ses derniers traits, sentant d'abord ce qui se passe dans son persecuteur, reprend incontinent l'air qui fait naître la compassion. L'impression que l'autre en reçoit le ramene à la clemence; & par ces coups & contrecoups, ce qui paroissoit le plus pernicieux à la société se dissipe, & il n'arrive point de mal.

Dem. Quel raport ont toutes ces diférentes habitudes du corps avec les sentimens de l'ame?

Resp. Nul raport: & c'est encore ce qui fait le merveilleux de la providence. Un homme fait une certaine grimace & par là il nous rassûre: un chien en fait autant, & il nous éfraie, qui pourroit comprendre comment deux grimaces si semblables produisent des éfets si diférens? Joindre à une grimace une joie, une crainte, une espérance est assûrément l'efet d'une puissance qui nous passe: mais par là ne faire de tous les hommes, pour ainsi dire, qu'un même homme, qu'un même corps par la ressemblance de situation qu'ils reçoivent, qu'un même esprit par la ressemblance des dispositions de l'ame, c'est ce qui ravit quand on y pense.

Dem. Mais en tout cela où est l'usage de la liberté?

Resp. Nous n'en sommes pas encore là. Je vous parle ici de ce qui nous lie avec les animaux, aussi bien qu'avec les autres hommes, de la méchanique de nos corps, & des sentimens que l'Auteur de la nature a atachez aux mouvemens qui se passent en eux. La liberté viendra ensuite: vous sentez assez qu'elle ne se trouve point là, & qu'ainsi, de croire qu'on a de la vertu, parce qu'on se sent émû, touché, atendri, à la vûë de certains objets, c'est prendre pour vertu une chose où l'on ne met rien du sien, ou un soulagement qu'on se donne à soi-même.

CHAPITRE XX.

La Providence dans les loix de l'union de l'Ame avec la Raison universelle. Usage de toutes les créatures.

Dem. SUFIT-IL pour le bien & la conservation de la société, que les hommes aient tels & tels sentimens les uns par raport aux autres ?

Resp. C'est pour l'ordinaire le sentiment qui nous emporte. Mais nos ames étant unies immédiatement à la Raison, & pouvant la contempler quand il leur plaît, la même volonté qui leur imprime des sentimens confus en conséquence des mouvemens du corps, leur donne des idées distinctes en conséquence de leur attention ; & à la faveur de ces idées on découvre mille moiens de prévenir les besoins de la vie, on invente & perfectionne les arts, on polit & on façonne les mœurs. Voila les loix par lesquelles Dieu gouverne le monde, & d'où dépend tout l'ordre naturel. Sans la présence de Dieu, point d'idées pour nous. Sans l'action de Dieu en nous, point de sensation. Sans cette même action, point de mouvement dans les corps. Jugez donc si la créature a autre chose en propre que la stérilité, l'insensibilité, & les ténèbres. Mais au moment que vous y supposez l'action de Dieu, quelle fécondité répanduë dans la nature ! Que d'ouvrages on voit sortir de la main des hommes ! Quels spectacles de toutes parts se présentent à l'esprit ! Il n'est point nécessaire qu'il s'aille unir aux objets pour les voir ; par une seule impression qu'il reçoit, il se trouve revêtu de toutes les beautez de la nature & de l'art. A l'instant de l'action du Créateur en lui, ce que le Ciel & la terre ont de plus magnifique se rassemble comme dans un point pour se montrer à lui ; & d'une région où il n'y a point d'espace il voit des objets dans toutes sortes de distances.

Dem. Donnez-moi, je vous prie,

quelque preuve sensible de ce principe, que nous ne pouvons rien connoître que par l'union de nôtre Esprit avec la Raison universelle?

Resp. Un homme vous instruit: il envoie des paroles à vos oreilles; il a formé ces paroles sur les idées qui sont présentes à son Esprit. Si vous concevez ce qu'il vous dit, c'est que ces mêmes paroles vous réveillent les mêmes idées. Si vos idées sont les mêmes que celles de cét homme, il est évident que vous avez un objet commun avec lui, & avec tous les autres hommes qui peuvent recevoir les mêmes idées. Assurément si les paroles de cét homme ne sont pas même son ouvrage, s'il ne sçait pas ce qui se doit passer dans ses organes, pour exprimer ce qui se passe dans son ame, s'il ne sçait pas la route qu'elles doivent prendre pour aler jusqu'à vos oreilles, ni comment elles agissent là pour produire tels ou tels ébranlemens dans vôtre cerveau, la vérité sera encore moins son ouvrage: elle ne sera donc pas aussi le vôtre. Cependant vous la découvrez cette vérité. C'est donc que celui qui la contient agit en vous au moment que vôtre cerveau est ébranlé, & que vous vous rendez atentif.

Dem. Doit-on regarder tout ce qui sort de l'Esprit des hommes comme des éfets de l'union de l'Ame avec la Raison ?

Resp. Les Esprits ne peuvent avoir aucune idée par d'autre voie. Mais souvent les hommes imaginent de faux raports dans les idées qu'ils reçoivent de l'objet qui leur est commun à tous. Mahomet, par exemple, composant son Alcoran, tiroit des idées éternelles tout ce qu'il y a de bon dans ce Livre : Son Esprit alors concevoit de vrais raports dans ces idées ; mais il n'y demeuroit pas long-tems apliqué : & rabatu incontinent sur les fantômes de son imagination, il ne concevoit plus dans son objet que de ces faux raports, dont se fabrique ce qu'on apélle extravagance. Ainsi, on ne peut pas dire que Dieu soit l'Auteur de l'Alcoran. Dieu remüa le cerveau de Mahomet, en conséquence de quoi, ce faux Prophéte se fit des idées monstrueuses ; mais ce fut Mahomet qui quita la Raison, pour suivre ses fantômes.

Dem. Pourriez-vous dire la même chose du Manuël d'Epictete, par exemple, que de l'Alcoran de Mahomet ?

Resp. Le Manuël vaut mieux que l'Alcoran : & tout le bon qui se trouve dans le Manuël vient immédiatement de la Raison, qui est Dieu même : mais Dieu n'a non plus voulu les dispositions d'Epictete que celles de Mahomet. L'opinion que ce Païen avoit de lui-même, cette vertu qu'il tiroit de lui-même, ce bonheur qu'il ne devoit qu'à lui-même, étoient abominables devant la souveraine Raison, & le rendoient aussi impie que Mahomet. Ce sont de telles pensées que Dieu ni ne fait ni ne veut : elles n'avoient leur principe que dans l'imagination d'Epictete, comme les extravagances de l'Alcoran avoient le leur dans celle de Mahomet.

Dem. Comment acordez-vous la Sagesse de la Providence avec le pouvoir qu'ont les hommes de s'imposer les uns aux autres par l'union de leur Esprit avec la Raison universelle ?

Resp. Je viens de vous marquer, que bien que les hommes ne reçoivent des idées que de la Raison, à laquelle ils sont unis : ils ne tombent néanmoins dans l'erreur que par une suite des loix de l'union du corps & de l'ame, ou parce que les traces de leur cerveau leur font imaginer de faux raports ; & en cela même paroit la Sagesse de la Providence. 1. Parce qu'il ne tient qu'à eux d'avoir l'atention qui empêche qu'on ne se trompe. 2. Parce que s'ils ont été trompez, ils peuvent toujours trouver qui les détrompe. Un homme vous jette dans l'erreur, un autre vous en retire ; & si vous aimez la vérité, l'erreur ni l'imposture ne tiendront pas contre vous.

Dem. Dieu faisant tout dans les corps & dans les esprits, pourquoi se sert-il des uns pour agir dans les autres ?

Resp. Il s'en sert. 1. Parce qu'il se doit à lui-même d'agir d'une maniere qui soit toujours la même ; & comme un être qui pouvant tout, ne fait rien qu'aprés l'avoir distinctement prévû, & exactement comparé.

2. Pour donner à ses créatures tout le relief qu'elles peuvent recevoir, en les faisant servir à l'acomplissement de ses desseins ; il leur donne ainsi beaucoup de gloire sans rien rabatre de la sienne.

Dem. Cette vûë s'acorde-t-elle bien avec l'abus que les hommes font de ses voies ?

Resp. Que les hommes s'arment les uns contre les autres ; qu'ils renversent toutes les loix qui doivent les unir ; qu'ils ne se servent de leurs facultez que pour se revolter contre leur Auteur, ils se trouvent toujours sous sa main : qu'ils s'inquiétent ; qu'ils s'impatientent ; qu'ils mettent en usage mille & mille artifices pour les chiméres qu'ils se forment, ils ne peuvent rien changer dans le cours de son action, ils en dépendent toujours. Si l'amour propre les divise, l'amour propre les unit ; si emportez par les sentimens, qui sont les suites de l'union de l'ame & du corps, ils courent à leur malheur ; ces mêmes sentimens leur font faire ce qui est nécessaire pour la conservation du corps politique : au milieu de leurs désordres la société subsistera toujours ; parce que Dieu, encore un coup, avant que de se servir d'eux, a tout prévû, tout comparé ; & ne pouvant se tromper dans l'usage, non plus que dans le choix des moiens, a tout ajusté à la fin. C'est là le grand principe, c'est le merveilleux de la conduite de Dieu, que la même chose qui s'oppose à ses desseins serve à l'acomplissement de son ouvrage. C'est la preuve constante & perpétuelle, que tout ce qui se passe ici bas sort des trésors de sa science & de sa sagesse.

Dem. Cependant ne seroit-il pas mieux, qu'il n'y eût point de désordres dans les corps & dans les esprits ?

Resp. Cela seroit mieux pour nous ; mais cela est indiférent pour Dieu. Vouloir que dans le physique tout conspire à nous rendre la vie commode ; c'est vouloir que Dieu ne nous ait faits que pour nous-mêmes. Vouloir que dans le moral Dieu ne souffre ni erreur, ni déréglement, ni abus ; c'est s'imaginer qu'il n'a dû avoir en vûë que la Terre où habitent nos corps ; que sa sainteté peut être diminüée par la conduite de ses créatures ; qu'il n'a dû consulter que nos interêts ; qu'il doit les entendre comme nous les entendons, & qu'il ne se doit rien à lui-même. C'est juger qu'en se servant de nous pour l'éxécution de son ouvrage, il n'a pas dû nous traiter comme des causes libres : c'est par l'amour de nous-mêmes corrompre la notion de la Providence.

Dem. Si nous laissions tout faire à Dieu, pleins de confiance dans sa bonté & sa sagesse, quel danger y auroit-il ?

Resp. Nous péririons certainement dans nôtre nonchalance. Qu'un homme s'apuiant sur la bonté divine, prétende vivre sans chercher la nourriture nécessaire à la vie, il mourra. Quelque foi qu'il ait, il se cassera la tête s'il se précipite de haut en en bas. Dieu respecte trop les voies qu'il a choisies, pour nous dispenser de les suivre. Elles expriment ce qu'il est, il faut que nous nous y acommodions par la vigilance & le travail.

Dem. Mais nôtre vigilance & nôtre travail peuvent-ils changer l'ordre des évenemens de la vie ?

Resp. Les voies que Dieu veut suivre n'en dépendent point. Mais nôtre vigilance & nos soins y sont compris, comme des conditions sans lesquelles ces voies ne peuvent nous être favorables.

Dem. Pourquoi donc nous propose-t-on les oiseaux du Ciel, & les lys des campagnes ?

Resp. Quand on nous propose l'exemple de ces sortes de créatures, on ne prétend pas nous dispenser du travail : on veut seulement, qu'à la vûë de la puissance & de la sagesse de Dieu, qui paroissent avec tant d'éclat sur les lys & les oiseaux, nous travaillions sans inquiétude pour l'avenir, convaincus que Dieu ne nous peut manquer pendant que nous nous acommoderons à l'ordre de sa conduite. On veut délivrer l'Esprit de ses inquiétudes, & lui faire obtenir le bien : mais on ne prétend pas qu'il s'atende à des miracles.

Dem. Qu'entendez-vous par ce mot de miracle ?

Resp. J'entens ce que Dieu fait sans y être déterminé par l'action d'aucune créature ; la perfection de son ouvrage demandant qu'il agisse immédiatement par lui-même : mais c'est ce qui arrive rarement. Car bien que toutes les voies que Dieu s'est faites ne nous soient pas connuës, on peut assurer qu'il les a disposées de maniere, qu'il peut presque toujours par elles arriver à la fin qu'il s'est proposée. Quelle raison auroit-il aprés cela de sortir des régles ordinaires de sa conduite ?

Dem. Si la volonté qui fait tout dans la nature, n'agit qu'autant qu'elle est déterminée par les mouvemens des corps, & les volontez des esprits, ne peut-on pas dire que Dieu ne fait pas ce qu'il veut ; mais qu'il obéit à ses créatures ?

Resp. Je vous prouve le contraire. Ce n'est que par l'action de Dieu que les causes nécessaires sont transportées l'une vers l'autre, après qu'il en a fait l'arrangement, & qu'il a prévû la détermination de chaque mouvement. Ce n'est que par son action que les causes libres se portent vers le bien : & si elles le découvrent, ce n'est qu'à la faveur de la lumiere qu'il leur communique. Donc rien ne se fait que ce que Dieu veut. Si lors même que les intelligences s'écartent de cette lumiere, où toutes les loix de la justice sont marquées, Dieu ne laisse pas d'agir ; ce n'est pas pour obéir à sa créature, ni par quelque sorte de dépendance ; c'est précisément parce que pour la malice d'une créature il ne veut pas changer de conduite. C'est à sa sagesse propre qu'il obéit, & d'autant plus constamment qu'il sçait que la plus noire malice des hommes & des démons ne sçauroit empêcher l'éxécution de son ouvrage.

Dem. Quel est cét ouvrage que Dieu a tant en vûë ?

Resp. C'est une assemblée d'Esprits, qui tous rendus dignes d'une félicité parfaite, le glorifient dans l'Eternité. C'est pour commencer cét ouvrage qu'il a établi les loix de la nature.

Dem. De quel usage ces loix sont-elles à l'homme ?

Resp. Elles tendent à le rendre juste dans ses choix, prévoiant dans ses actions, courageux dans les adversitez, moderé dans l'usage des biens sensibles. La Raison qui l'éclaire tend-là précisément ; & il n'est raisonnable qu'autant qu'il entre par elle dans ces dispositions.

Dem. En quoi trouvez-vous que l'homme réponde à cette fin ?

Resp. J'avouë que l'homme tel qu'il est par lui-même, ne consulte point pour entrer dans les desseins de son Créateur, la lumiere qui se présente à lui ; ou qu'il ne songe qu'à la faire servir à l'établissement de sa fortune ou de sa réputation ; qu'il se livre à ses sens, & que s'il fait quelque bien, ce n'est nullement à ses intentions qu'il le faut raporter, mais uniquement à la sagesse du Créateur, qui a sçû tirer de la corruption même ce qui est avantageux à la société humaine. Cela détruit en quelque sorte l'idée de la Providence dans l'homme. Mais cette idée se représente incontinent plus grande & plus magnifique, lors qu'à l'ordre de la nature on joint celui de la grace; puisque par ce second ordre toutes les intentions de l'homme deviennent pures, tous ses désirs deviennent saints, toutes ses démarches sont droites. Aussi Dieu dans le dessein qu'il forma de créer le monde, compara entr'elles toutes les suites de ces deux ordres; & connoissant que l'un devoit être un suplément continuël de l'autre, il les fit marcher d'un pas égal dés l'origine du monde. Ainsi, ne me demandez point, pourquoi faire un monde, où il devoit y avoir tant de désordre, où le mal l'emporte sur le bien, où les créatures sont opposées les unes aux autres, où les corps sont sujets à tant d'infirmitez, où les ames sont agitées de tant de passions, & abatuës par tant de douleurs. Si la Raison semble s'éclipser ici, ou si vôtre esprit en perd la trace, laissez-vous conduire par la Foi; elle vous remettra bien-tôt sur la route.

Dem. N'avez-vous point d'autre raison que la Foi, de raporter le physique au moral, & le naturel au surnaturel ?

Resp. L'idée d'un Etre qui agit avec une souveraine sagesse, nous conduit là ; & l'expérience nous aprend, qu'un mouvement qu'on ne compte pour rien dans la nature, est souvent suivi des plus grands changemens dans les corps & dans les esprits, dans le gouvernement politique, & dans la Religion. Le bourdonnement d'une mouche vous fera tourner la tête vers tel endroit où vous apercevez tel objet ; vous serez ému de telle passion à la présence de cét objet. Dans cette émotion vous formerez tels desseins ; & en conséquence de ces desseins vous ferez telle action qui produira des éfets à l'infini par l'erchainement des causes. Si ce progrés commence dans ces Maîtres du Monde, dont la volonté remuë tant d'Esprits, quels événemens ne voit-on pas ? Ce sont tous ces mouvemens, toutes ces pensées & volontez

La Métaphysique. 311

que Dieu a comparées selon leur dépendance réciproque ; & on ne peut douter que ce ne soit des raports qu'il a mis entre tant d'éfets, qu'il veut tirer l'Ouvrage que nous sçavons qu'il a en vûë.

CHAPITRE XXI.

Ordre de la Providence dans la Réparation de la Nature. Comment la Créature a accés à Dieu.

Dem. COMMENT la Foi nous fait-elle connoitre que dans tout ce qui se passe en nous la Sagesse de Dieu ne s'est point démentie ?

Resp. La Foi nous aprend que l'homme s'est revolté contre son Créateur. Nous ne devons donc pas nous étonner du désordre de la Nature, de nos miséres, & de nos douleurs. Elle nous aprend qu'un Réparateur nous étoit préparé avant la création. Il n'est donc pas surprenant que le Créateur ait permis la corruption de son Ouvrage. Reprenez maintenant ce principe, que Dieu compare entr'eux tous les événemens futurs dans toutes les suppositions possibles. Vous concevrez aisément, que si Dieu a connu tel mouvement, telle passion, tel éfet, comme des suites de l'ordre naturel, il n'a pas moins connu tel sentiment, tel bon exemple, telle œuvre de piété, comme les suites de l'ordre surnaturel, fondé dans le Réparateur : de maniere qu'en comparant toutes les suites de ces deux ordres, les biens avec les maux, telle violence, telle injustice, tel scandale, avec ce que peut produire la lumiere naturelle, avec tel ou tel acte de Religion, il a cru que l'Ouvrage qui résulteroit de tant d'éfets diférens, seroit aussi digne de lui, & aussi avantageux pour nous qu'aucun autre le pourroit être.

Dem. Comment un Monde, tel que celui-ci, est-il avantageux pour nous ?

Resp. C'est que Dieu étant essentiellement juste, il éleve ses créatures à proportion de leurs mérites : & on ne peut douter que dans un Monde mêlé de bien & de mal, elles n'aient plus lieu de mériter que dans un Monde où elles n'auroient rien à souffrir ; puisque de se soumettre aux peines, qui sont les suites de l'ordre établi du Créateur, c'est reconnoître qu'on se repose sur sa sagesse & sa bonté. Et quelle comparaison y a-t-il de nos soufrances à la gloire dont Dieu est engagé à les recompenser quand nous les rendons volontaires ?

Dem. D'où tirez-vous la dignité de ce monde devant Dieu ?

Resp. De ce que le Verbe en est le Réparateur ; le Verbe, dis-je, l'objet éternel de l'amour & de la complaisance de Dieu, uni aux deux substances dont nous sommes composez, fait semblable à nous, afin de satisfaire pour nous, & égal à Dieu pour satisfaire dignement.

Dem. Pourquoi le Verbe est-il le Réparateur du monde, & non pas le Saint-Esprit ?

Resp. C'est que le Verbe divin est la Raison qui éclaire, & qui conduit tous les Esprits. Et comme dans la corruption où nous nous sommes jettez, nous n'étions plus capables de consulter cette Raison ; il a falu qu'elle se soit acommodée à nôtre foiblesse, qu'elle se soit revêtuë d'un Corps pour nous fraper par nos sens, nous que les sens dominent, & qui ne trouvons point de prise où il n'y a point de Corps. Par là l'Esprit retrouve toujours son même objet, & se régle toujours sur la même lumiere.

Dem. Les Intelligences n'auroient-elles pû honorer Dieu, sans cette union du Verbe à son Ouvrage.

Resp. Des Créatures que Dieu éclaire de sa lumiere, & qu'il anime de sa volonté, peuvent bien remplir leurs devoirs à la faveur de cette lumiere, & par l'impression sainte qu'elles reçoivent. Mais elles ne peuvent honorer Dieu, c'est à dire, lui rendre un culte qui réponde à sa gloire & à sa majesté. Pendant qu'elles restent dans les bornes des créatures, elles ne peuvent rien faire, quelque éfort qu'elles fassent, qui ne soit infiniment au dessous de la sainteté du Créateur. Mais si l'union d'une personne divine intervient, au même instant tout change de face, les créatures sont, pour ainsi dire, divinisées, il se trouve entre leur culte & son objet la proportion convenable ; elles rendent à Dieu un honneur qui le contente.

Dem. Si les créatures pouvoient par elles-mêmes honorer Dieu dignement, le Verbe s'uniroit-il encore à elles ?

Resp. Vous suposez l'impossible. Mais le plus grand honneur que Dieu puisse recevoir, étant celui qui le contente le plus, on peut assurer, que dans quelque suposition qu'on fasse, Dieu toujours rempli de l'amour nécessaire qu'il se porte à lui-même, auroit uni son Verbe à son Ouvrage, puis qu'il ne peut recevoir d'honneur qui soit plus grand que celui qui lui revient de cette union. Aussi que Dieu prévoie la corruption future de ses créatures, leurs ingratitudes, leurs égaremens, l'opposition qu'elles mettront par elles-mêmes entre lui & elles, il compte pour rien ce désordre, il s'arrête à l'union de son Verbe à son Ouvrage : cette union le desarme; la gloire qu'il en doit recevoir fait qu'il nous soufre, & qu'il rapelle sa clémence, que nos désordres éloignoient. C'est sur ce fondement que l'Apôtre nous exhorte à marcher d'une maniere digne de Dieu: *Ut ambuletis digne Deo*. Il sçavoit que tout foibles & bornez que nous sommes, si nous marchons dans les voies de la justice, nous honorerons Dieu infiniment, & d'une maniere digne de lui par nôtre union à JESUS-CHRIST, union si nécessaire, que le mêjne Apôtre nous en fait souvenir à tous momens, & que l'Eglise nous repéte tous les jours, que si nous devons rendre graces à Dieu de tous ses biens, ce doit être *par Jesus-Christ*. Et cela sans doute, non seulement parce que des créatures corrompuës ne peuvent par elles-mêmes trouver accés à Dieu, & ne peuvent au contraire en atendre que des rigueurs; mais aussi, parce que quelque pures qu'on les conçoive, elles ne peuvent honorer Dieu d'une maniere digne de lui, sans l'union d'une personne divine.

Dem. Cette union qui nous donne accés à Dieu, ne devroit-elle pas nous délivrer de toutes nos peines?

Resp. Voudriez-vous que Dieu laissât le désordre impuni. Dieu dans nos peines mêmes trouve un moien de nous unir de plus en plus à nôtre Réparateur : & ce fut par cette raison que le Monde, dont la formation devoit être suivie de la révolte de l'homme, se trouva fourni de tous les instrumens propres à nous châtier. De la division prévûë de la matiere, & de l'arrangement prévû de toutes ses parties, il devoit naître une infinité de toutes sortes d'animaux incommodes, pendant que la Terre défigurée en plusieurs manieres par les loix mêmes de la communication des mouvemens, porteroit en elle-même le principe de toutes les maladies qui acablent les corps. Voila des châtimens du péché, & en même tems de quoi fortifier l'union qui nous sanctifie.

Dem. Comment sçavez-vous que les souffrances ont ce second usage?

Resp. C'est que s'il est vrai d'une

d'une part, que nous ne pouvons nous conformer au Réparateur que par le détachement des biens sensibles ; il n'est pas moins vrai de l'autre, que ce détachement ne peut subsister que dans les peines & dans les soufrances. D'où il s'ensuit que le péché & la peine qui lui est dûë, tournent également à nôtre avantage ; & que rien ne nous découvre tant que le péché même la grandeur & la puissance du Créateur : puisque de l'abomination même, ou du seul mal véritable qui se puisse trouver dans la nature, il sçait tirer ce qui est le plus capable de contribuër à son honneur.

Dem. Sans le péché Dieu ne seroit-il pas encore plus honoré qu'il n'est ?

Resp. Je ne déciderai point là-dessus. Mais plus nous sommes pécheurs, plus nous sommes misérables : & rien n'est plus propre que la misére à nous faire reconnoître nôtre impuissance. Or plus nous ressentons que nous sommes foibles, plus nous nous apuions sur celui que Dieu nous a donné pour nous soutenir, & réparer son Ouvrage. Je dis que cette disposition renferme l'aveu le plus parfait de la Toute-puissance de Dieu, & le plus profond anéantissement de nous-mêmes ; & que c'est celle par conséquent qui nous rend le plus Dieu favorable ; parce que c'est celle qui convient le plus à la créature en présence du Créateur.

Dem. Ne pourroit-on pas sans être misérable s'anéantir devant la sainteté de Dieu ?

Resp. On le pourroit, s'il sufisoit de dire, que nous ne sommes rien, & que Dieu est tout ; qu'il est tout Saint, & que nous sommes des profanes. Mais il s'agit de s'humilier & de s'anéantir en éfet, & nous ne le pouvons sans atendre tout d'un Médiateur. Car il ne faut pas s'imaginer qu'on traite avec Dieu comme on traite avec les hommes. On touche les hommes en leur réveillant les idées de leurs qualitez, & même en leur atribüant celles qu'ils n'ont pas : ils se laissent gagner, parce qu'ils ne voient point le fond des cœurs, & qu'ils se préférent eux-mêmes à la vérité. Mais Dieu nous connoit également au dehors & au dedans, & il est rigoureux observateur de tout ce qu'il doit à sa justice & à sa sainteté.

Dem. Mais si l'on fait de bonnes œuvres, ne sera-ce pas un aveu effectif de son néant ?

Resp. Il est toujours bon de faire de bonnes œuvres. Mais à moins qu'on ne reconnoisse un Médiateur, l'opinion du propre mérite n'en sçauroit être bannie. On ne s'aproche point de Dieu par soi-même sans croire valoir quelque chose, & ce jugement présomptueüx sufit pour faire rejetter nos œuvres. C'est sur ce fondement qu'on enseigne, qu'afin que nos œuvres soient acceptées de Dieu, il faut qu'elles reçoivent une dignité surnaturelle, c'est à dire, qu'elles soient faites par la Foi en Jesus-Christ. Ce puissant Médiateur porte la parole : il s'ofre lui-même pour nous : nous ne nous présentons que par lui. Voila l'aveu de nôtre néant, & de nôtre impuissance, tel que Dieu le demande. Dieu alors est content de nous.

CHAPITRE XXII.

Le choix du Réparateur. Ses dispositions. Son Ministére perpétuel.

Dem. POUVONS-NOUS sçavoir comment Dieu nous a préparé un Médiateur ?

Resp. Conduits par la Foi nous pouvons penser que Dieu dans les desseins de créer le Monde, & à la vûë de toutes les Intelligences qu'il pouvoit créer, & dont toutes les pensées, & tous les desirs futurs lui étoient présens, distingua une Ame, dont toutes les pensées & tous les désirs se raportoient parfaitement au grand Ouvrage qu'il envisageoit ; & que ce fut à celle-là, & au Corps qu'elle devoit animer, qu'il voulut unir son Verbe. Cette Ame est unie à un Corps ; au même instant voila un Homme-Dieu qui ne s'ocupe plus que de la gloire de celui qui l'envoie. Et comme c'est un droit de l'union hipostatique, que tout ce qui renferme le

Verbe divin soit communiqué sans mesure à un tel homme, il n'y a point d'exemplaires d'ouvrages ni de voies capables de les produire qu'il ne découvre. Toutes ces grandes idées augmentent encore son zéle ; & en les comparant, il s'arrête à l'Ouvrage qui lui paroît le plus magnifique & le plus divin.

Dem. Que trouve-t-il de nécessaire pour la perfection de cét Ouvrage ?

Resp. Il voit qu'il ne peut l'acomplir sans passer par toutes sortes d'humiliations & de soufrances, sans soufrir la mort la plus cruelle & la plus honteuse.

Dem. Est-ce le Verbe qui le condamne ainsi à la mort ?

Resp. Non. Ce n'est pas une loi que lui fasse le Verbe en tant que Lumiere & Raison. La Sagesse éternelle ne renferme point de telles loix contre la plus sainte & la plus innocente des créatures ; c'est l'Homme-Dieu lui-même qui se l'impose par la force de son amour. Son Pere l'a envoié ; & il se présente avec joie,

Il veut soufrir & mourir, dautant que par ses soufrances & sa mort son Pere doit être glorifié. C'est par cette raison qu'au moment qu'il entre dans le monde il abandonne son ame sainte à la douleur : Elle a droit par l'union hipostatique à tous les biens que renferme le Verbe ; elle les connoit parfaitement ; & elle peut tous les goûter. Mais l'Homme - Dieu l'en détourne, & il ne l'en laisse aprocher qu'autant qu'il faut pour soutenir la Nature dans son rigoureux sacrifice. Ainsi, quand nous aprenons que son Ame est triste jusques à la mort ; que son Pere l'a abandonné ; & qu'il faloit qu'il soufrît pour entrer dans la Gloire ; il faut le regarder comme se privant volontairement lui - même, de tous les droits de la Divinité, pour ne donner entrée qu'aux miséres de nôtre nature, jusqu'au tems de sa Résurrection.

Dem. Mais pourquoi soufrir qu'un innocent, le seul juste, & le seul Saint entre les créatures, s'expose au dernier suplice ?

Resp. C'est qu'il étoit à propos que

par là nous aprissions à mourir à nous-mêmes, à donner la mort à nos passions, à nous anéantir. Jesus-Christ n'a point de passions à combatre, que fait-il pour nous donner exemple ? Il se rend comme un ver : il sacrifie son corps : il donne sa propre vie. Il n'a pas d'autre voie pour nous faire sentir les dispositions où nous devons être par raport au Créateur : Ses paroles, toutes divines qu'elles fussent, n'étoient point assez fortes pour nous convaincre ; & nous aurions pû dire, que n'étant pas sujet aux passions, il lui auroit été facile de prêcher s'il en fût demeuré-là. Mais de plus, si dans l'obligation où nous sommes de mourir à nous-mêmes, Jesus-Christ n'étoit pas mort, comment aurions-nous pû être ses membres ? Comment auroit-il pû être nôtre modéle ? Il étoit donc à propos que Jesus-Christ mourût, & qu'en nous marquant par l'excés de ses douleurs la violence que nous devons faire à une nature revoltée, il satisfit pour nous par avance à la justice de son Pere. C'est aussi par ce sacrifice si douloureux & si volontaire, qu'il nous a mérité ces graces puissantes, qui nous opposent à nos passions, & qui nous les font vaincre ; qui sanctifient nos soufrances, & qui les rendent de même nature que les siennes : c'est enfin par ce sacrifice qu'il est entré en possession du glorieux Empire qu'il a sur toutes les Nations de la Terre.

Dem. Peut-on sçavoir comment il exerce cét Empire ?

Resp. Représentez-vous, suivant l'analogie de la Foi, un Homme-Dieu établi souverain des hommes & des Anges, destiné, comme Chef, à répandre le mouvement & la vie dans plusieurs membres, uniquement apliqué à former un Temple qui soit un digne objet de la complaisance divine. Comme Chef il est atentif à toutes les dispositions des justes, qui sont ses véritables membres ; & connoissant toujours beaucoup mieux l'état où ils se trouvent, que nos ames ne sçavent celui de nos corps, il prépare continuellement à chacun d'eux les secours qui leur sont nécessaires pour persévérer dans la justice : il reprime devant eux les Puissances de la Terre & des Enfers. Comme Architecte du Temple Eternel, il se fait continuellement de nouveaux sujets par la distribution de ses graces : & pour trouver les ouvertures qu'il demande dans les cœurs, il humilie : il reléve : il fait passer son culte d'un lieu dans un autre : il change l'Etat des peuples entiers : il renverse des Roiaumes, & en établit d'autres sur leurs ruïnes : il suscite des hommes extraordinaires, & fait paroître des prodiges de force ou de foiblesse ; en un mot, il emploie comme il lui plaît toutes les créatures pour l'éxécution de ses desseins.

Dem. Est-ce comme Homme, ou comme Dieu, que Jesus-Christ forme son Temple ?

Resp. Jesus-Christ agit toujours en Homme-Dieu. Son Ame sainte absorbée, pour ainsi dire, dans la lumiere du Verbe, & toujours sous sa direction, choisit toujours, sans se méprendre, tous les sujets qui lui sont propres.

Dem. Mais n'est-ce pas Dieu qui de toute Eternité a choisi ceux qui doivent composer ce Temple céleste ?

Resp. Jesus-Christ est l'Architecte du Temple Spirituël, & son Pere l'est aussi. Chacun l'est à sa maniere. Dieu l'est en Dieu, & Jesus-Christ en créature, mais en créature divine & infiniment éclairée. Jesus-Christ choisit telles pierres vivantes, Dieu a prévû qu'il les choisiroit. Jesus-Christ leur donne telle forme, Dieu a prévû qu'il la leur donneroit. Dieu a aimé cét Ouvrage tel qu'il a été dans ses vûës éternelles ; il l'a voulu non seulement tel qu'il le contemploit dans sa substance, qui en renferme toutes les idées, mais encore tel qu'il le prévoioit dans les pensées & le désir de son Fils bien-aimé, toujours régi & conduit par la lumiere de cette même substance.

Dem. Sçait-on quelles mesures prend Jesus-Christ pour la conduite de son Edifice ?

Resp. Tout ce qu'on en sçait, c'est que Jesus-Christ agit ordinairement par ceux qu'il a fait les dépositaires de sa parole, qu'il les inspire en plusieurs occasions ; qu'il se fait continuellement de nouveaux Ministres ; qu'il députe ses Anges, ou qu'il agit immédiatement par lui-même suivant ses desseins particuliers, dont l'impénétrabilité rend impénétrables en tous sens les Trésors de la Providence sur les Elûs. Mais remarquez bien, que si l'Ouvrage de Dieu se trouve ici bas défiguré en tant de manieres par le déréglement des causes naturelles, il reçoit à chaque instant dans les Cieux un nouvel éclat & des traits tout divins par l'action des Intelligences remplies de la lumiere la plus pure, & de la plus ardente Charité. Un Homme-Dieu est à la tête ; & des Anges sont ses Ministres. C'est un moien certain à la Sagesse éternelle de se redonner, pour ainsi dire, infiniment plus, qu'elle ne s'ôte, en ne voulant rien changer dans l'œconomie de l'ordre naturel.

CHAPITRE XXIII.

Le Ministére des Anges : leur maniere d'agir, leurs connoissances, leurs dispositions.

Dem. Comment sçavons-nous qu'il y a des Anges ?

Resp. La création du Monde, & de ses habitans, ne nous permet pas de douter que Dieu n'ait pû créer de pures Intelligences ; & s'il nous marque qu'il en a créé, il y auroit de la folie à n'en rien croire. Il y a donc des Anges. Rien n'est plus possible, & rien n'est plus constant par la tradition de tous les siécles.

Dem. Peut-on sçavoir de quelle nature ils sont ?

Resp. Nous sçavons que ce sont des Intelligences ; & qu'en cette qualité ils sont éclairez continuellement de la Raison universelle, animez de la volonté de Dieu, qui les porte sans cesse vers le bien, habitans du monde intelligible ; nous sçavons qu'ils ont cela de commun avec nos ames ; mais que n'étant pas unis à des corps, ils ne sentent pas, & ne se déterminent pas comme nos ames. Au surplus, qu'en pourrions-nous sçavoir, nous à qui la nature de nos ames mêmes est inconnuë ?

Dem. Sçait-on quel a été le dessein de Dieu dans la création des Anges ?

Resp. On le sçait en général. Dieu n'agissant que pour sa gloire, il n'a créé les Anges que pour être glorifié par eux. Et comme toute sa gloire extérieure se concentre, pour ainsi dire, dans l'Edifice spirituel pour lequel il a fait le monde visible, on peut assurer que les Anges ne le glorifient qu'autant qu'ils travaillent à la grandeur & à l'établissement de cét Edifice céleste. D'où il s'ensuit que jouissant par avance des biens dont abonde la Maison de Dieu, ils s'apliquent continuellement à procurer du bien aux hommes avec lesquels ils doivent partager leur bonheur, & composer une même famille.

Dem. Ces Esprits célestes ne pourroient-ils pas composer une famille à part, une Eglise Angelique?

Resp. Il ne peut y avoir deux Eglises. Les Anges dés le moment de leur création ont connu qu'en qualité de simples créatures ils ne pouvoient par eux-mêmes honorer dignement le Créateur; & dés ce même moment l'Homme-Dieu leur étant présent, ils ont protesté qu'ils le reconnoissoient pour le Sanctificateur de leur culte. Ainsi n'y aiant qu'un même Chef des hommes & des Anges, il ne peut y avoir qu'une même Eglise, composée des uns & des autres.

Dem. Que purent donc penser les Anges quand les hommes tomberent dans le péché?

Resp. Ils furent indignez d'une revolte si hardie. Contemplant sans obscurité la grandeur & la sainteté de Dieu, ils ne pouvoient pas ne se pas déclarer contre des prévaricateurs & des ingrats. Mais le Réparateur qui nous avoit été préparé les desarma. Pleins de la gloire d'être ses sujets, & du désir d'être ses Ministres, ils nous regarderent comme leurs freres, nous que le Seigneur adoptoit, & dont l'Homme-Dieu vouloit lui-même être le frere.

Dem. L'Homme-Dieu est-il pour les Anges tout ce qu'il est pour nous ?

Resp. Il n'est pas leur Redempteur, comme il est le nôtre ; mais il est leur Médiateur, puisque c'est lui qui sanctifie leur culte, & qui par cette sanctification leur donne à Dieu l'accés d'où dépend leur bonheur & leur gloire. Ce qu'ils ont en cela de commun avec nous les remplit de tant de zéle pour nous, qu'ils s'apliquent continuellement à nous défendre & à nous conduire.

Dem. Comment agissent-ils en nous ?

Resp. Pour le concevoir il ne faut que considérer la maniere dont nos ames agissent dans nos corps. Vous sçavez qu'elles n'y agissent que par leurs volontez. Nous remuons les bras, les jambes, la langue quand nous voulons. C'est donc nôtre volonté qui fait tous nos mouvemens extérieurs, en ce sens, que dés que l'ame *veut*, Dieu produit tels & tels mouvemens dans le corps, n'y aiant que Dieu qui puisse changer l'état des substances. Il en est de même des Anges. Dieu leur a donné la connoissance des loix de la communication des mouvemens, & de celles de l'union de l'ame & du corps; & il s'est fait cette Loi de produire tels ou tels mouvemens, & par suite tels & tels sentimens, quand ils auroient des volontez par raport à certains corps.

Dem.. Qu'arrive-t-il de là ?

Resp. Il arrive que par le ministére des Anges nous sommes garantis de beaucoup d'accidens de la vie, & qu'en conséquence de leur action sur vôtre cerveau ou sur le mien, nous recevons beaucoup d'idées dont la présence redresse l'esprit. Par là, des Princes barbares sont souvent détournez de leurs desseins cruëls, & les vûës de ceux qui ont la puissance entre les mains, se tourne à propos pour l'avancement de l'Ouvrage de Dieu. C'étoit par ce pouvoir d'agir sur les corps, que les Anges conduisoient au retour les Juifs ; qu'ils les punissoient ou les recompensoient ;

qu'ils prolongeoient ou abrégeoient leur vie ; qu'ils répandoient les pluies, & rendoient les terres fecondes. L'aplication qu'ils eurent à gouverner un Peuple, qui n'étoit que la figure, peut faire juger du zéle qu'ils ont pour celui qui eſt la réalité.

Dem. Ne peut-on point vous dire, que ſi Dieu s'eſt ainſi engagé à faire ce que deſirent les Anges, il ne faut point s'adreſſer à Dieu, mais aux Anges ?

Reſp. Mais ſi les Anges qui connoiſſent leur dépendance, qui croient que toute leur lumiere vient de Dieu, & qu'ils ne font le bien qu'autant que Dieu leur en imprime l'amour, & leur en donne les idées : Si, dis-je, les Anges toûjours deſintereſſez, & toûjours humbles, vous rejettent, à qui vous adreſſerez-vous ? Vous feriez mieux de me demander, d'où vient que nous prions Dieu qui ſçait ce qu'il a à faire, & qui n'a pas beſoin d'être averti de nos beſoins : car vôtre queſtion eſt trop confuſe. Si vous priez Dieu comme on prie les Rois de la Terre ; & les Anges comme des

Ministres sujets à l'erreur & au désordre, vôtre imagination vous séduit. Nous prions Dieu, parce qu'il faut que nous nous reconnoissions devant lui tels que nous sommes. Et nous prions les Anges, pour reconnoître de plus en plus dans leur ministére la grandeur & la puissance de Dieu.

Dem. Mais peut-on penser que Dieu pour agir ait besoin de ses créatures ?

Resp. S'il en avoit besoin, il ne seroit pas l'Etre parfait. Assurément elles n'ajoûteront jamais rien à son bonheur & à sa gloire. Mais s'il veut qu'elles aient des raports les unes aux autres, il faut bien qu'il se serve des unes pour agir dans les autres ; & que sa maniere de s'en servir ait les caractéres que demande la perfection de son Etre. L'expérience de toute la Nature a dû déja vous avoir apris que Dieu agit par des loix générales dans les corps & dans les ames ; ce principe ne vous permet pas de douter qu'il n'agisse de la même maniere dans l'ordre surnaturel, puis qu'en tout ordre il doit agir selon qu'il se doit à lui-même.

Dem. Pourquoi les Anges ne nous délivrent-ils pas de toute sorte de mal ?

Resp. C'est qu'ils n'en ont pas le pouvoir. Comme Dieu n'a pas fait dépendre des volontez de nos ames tous les mouvemens de nos corps, & que ceux des entrailles, des artéres, & du cœur, se font même sans que l'ame s'en aperçoive, il a de même limité le pouvoir de ses Anges. Ils peuvent bien nous lever ce qui nous feroit succomber dans le combat, mais non pas les occasions de combattre : ils sçavent aussi que le combat nous est nécessaire, afin que la puissance de Jesus-Christ paroisse de plus en plus, & que nôtre gloire s'augmente : ils se réglent sur ce principe, & font si bien qu'ils ne nuisent point aux mérites que nous pouvons aquerir.

Dem. Ceux d'entre les Anges qui se sont revoltez, peuvent-ils nuire aux desseins de Dieu ?

Resp. Ils ont pû s'occuper d'eux-mêmes, & oublier leur dépendance. C'est

C'est à quoi une intelligence est exposée dans l'usage naturel de sa liberté : mais quelque usage qu'elle en fasse, les desseins du Créateur s'executent toûjours. Elle peut perdre son bonheur & devenir malheureuse. Mais quelque haine qu'elle conçoive contre la puissance qui l'a produite, elle ne peut rien faire dans sa plus grande opposition, qui n'en releve la gloire.

Dem. N'aurions-nous rien à craindre des piéges & de la rage des Démons ?

Resp. Nous n'avons rien à craindre que de nôtre lâcheté. Pendant que du milieu des flammes les Démons blasphement contre Dieu, contre la main qui tire leur supplice du même objet d'où ils tiroient leur bonheur ; pendant que dans le sentiment de leur impuissance, par raport à leur juge, ils se déchainent contre les ames qui peuvent devenir heureuses ou malheureuses, & qu'ils mettent tout en usage pour les perdre, ils augmentent sans y penser, les merites des Elus, ils preparent des beautez pour le monde futur, ils font eclater

P

de plus en plus les attributs de celuy qu'ils veulent deshonorer. C'est que Dieu a veu tous les ouvrages possibles, non seulement dans la lumiere de sa substance qui en contient les modeles, mais encore dans la suite des pensées & des desirs de toutes les intelligences dont il pouvoit se servir ou qui pouvoient s'en mêler. Il a tout prevû & tout comparé, il n'a pû se meprendre, aimant invinciblement sa gloire, il n'a pû se determiner à un ouvrage où quelque chose eût pû dementir sa prescience & sa sagesse.

Dem. Est-il necessaire aprés cela que Dieu mette des bornes à la malice des Démons ?

Resp. S'il n'y en mettoit pas, il n'y auroit point d'excez où leur envie & leur desespoir ne les portassent. Il n'y auroit pas un fidele qui ne fût plus tenté que ne furent jamais tous les Peres du Desert. Dieu reprime les Démons, n'en doutez pas, & c'est par cette raison qu'ils ne peuvent nuire à son ouvrage. Les saints Anges qui s'oposerent à ces superbes dans le tems de leur revolte, & qui les precipite-

La Métaphysique. 339

rent avec tant d'éclat du plus haut des Cieux dans les abymes, les observent encore, & leur font sentir, quand il est à propos, la même force qu'ils ont eprouvée dés le commencement du monde, d'une maniere si terrible.

Dem. Dieu veut-il en particulier tout ce que font les Anges ?

Resp. Il le veut en particulier ; mais il ne leur ordonne pas en particulier chaque chose qu'ils ont à faire. Car autrement il ne serviroit de rien à Dieu d'avoir prevû toutes leurs determinations futures ; & il ne serviroit de rien aux Anges d'être libres & de voir dans la Raison universelle tout l'ordre de leurs devoirs. On ne pourroit pas dire que les uns fussent plus éclairez que les autres. L'inspiration particuliere sur chaque chose que des esprits ont à faire, ne s'acorde pas avec la liberté, & rend le dernier capable de tout ce que peut le premier.

Dem. Et ce que font les Démons Dieu le veut-il ?

Resp. Il le veut, & il le fait. Mais je vous ay deja fait voir qu'une chose n'est pas de Dieu precisément, parce

P ij

que Dieu la fait. Il n'y a de Dieu que ce qui est conforme à la loi éternelle de la justice, que ce qu'il fait par une volonté positive & determinée : & comme ce n'est pas par une volonté de cette sorte que Dieu remuë le bras d'un assassin, ou le cerveau d'un impie, mais seulement par une suite des loix qu'il a établies pour agir dans ses creatures ; de même il n'agit suivant telles ou telles volontez des Démons, qu'à cause que dans l'exercice de sa Providence, il a voulu suivre les determinations des natures intellectuelles : je dis telles & telles volontez ; car Dieu ne faisant pas tout ce que les Démons voudroient faire ; il y a aparemment une loy, suivant laquelle ils sentent leur impuissance au moment qu'ils pensent à passer les bornes que la Providence leur a marquées.

Dem. Quelle opinion ont les saints Anges de leur pouvoir ?

Resp. Les Seraphins les plus éclairez & les plus sublimes ne se croient que tenebres par eux mêmes : ils reconnoissent que leur plus grand honneur, c'est d'être employez comme Ministres à l'execution des desseins de leur Createur, à entretenir la société entre les hommes, & à les unir par les liens de la charité : ils avoüent continuellement que ce souverain Seigneur n'a pas besoin d'eux, mais qu'ils ont besoin de luy, puisque c'est de l'obéissance qu'ils lui rendent, qu'ils tirent tout ce qu'ils ont de grandeur & de dignité. Et il ne se peut qu'ils ne le pensent ainsi, puis qu'ils sentent actuellement qu'ils reçoivent toute leur lumiere de la substance qu'ils contemplent, & qu'ils ne sont agissans que par l'impression que leur donne pour le bien, celuy qui les comble actuellement de toutes sortes de biens.

Dem. Dieu est-il en tous sens l'Auteur de tout ce qu'ils font ?

Resp. En tous sens, puis qu'ils ne font rien que suivant la commission que Dieu leur a donnée, & qu'à la faveur de la lumiere qu'il leur communique afin qu'ils s'aquitent de leur commission.

Dem. Cette lumiere qu'ils contemplent toûjours leur sufit-elle pour connoître en toutes sortes d'occasions ce qui peut le plus contribuer à la perfection de l'Ouvrage de Dieu ?

Resp. Estant des natures bornées, ils pourroient quelquefois se méprendre dans l'infinité des idées du bien qui se presentent à eux sur un même sujet, & faire moins de bien, lors qu'ils croiroient en faire davantage. Mais l'etenduë des connoissances de Dieu supplée à ce defaut. Il a prevû les circonstances où leur limitation les devoit arrêter ; & il les determine si à propos, qu'ils executent toûjours ce qu'il s'est proposé.

Dem. Pourquoy Dieu ne les determine-t-il pas toûjours de cette maniere ?

Resp. C'est qu'il n'en est pas de Dieu comme des hommes. Les Rois de la Terre, par exemple, ne connoissant point ce que peuvent penser & desirer leurs Ministres, sont obligez de leur donner autant d'ordres particuliers qu'ils ont de choses à faire. C'est l'effet naturel de la limitation & de l'ignorance des uns & des autres. Il y a toûjours à reformer dans leurs desseins & à refaire dans leur conduite : Mais Dieu qui est le scrutateur & le maître absolu des cœurs, qui prevoit toutes les determinations futures des volontez, la suite de toutes les pensées & de tous les desirs de toutes les intelligences, qui a sçû combiner le physique avec le moral & le naturel avec le surnaturel ; mais combiner de maniere que tant de pensées & tant de desirs se terminent infailliblement à l'execution de ses desseins, n'est obligé que d'éclairer ses ministres. En leur decouvrant l'ordre de ses perfections, ou les idées que renferme sa substance, il leur laisse sans nul danger le choix de ce qu'ils ont à faire.

Dem. Ne pourroit on point conclurre de là que nous autres qui contemplons le même objet nous ne pourrions que bien choisir ?

Resp. Il n'en est pas des bienheureuses intelligences comme des hommes sujets à l'aveuglement & à l'erreur. Ceux-cy souvent ne suivent que leurs passions, lors qu'ils croient suivre la raison. Peut-être, par exemple, que Mahomet croioit son Alcoran raisonnable. Mais il ne s'ensuit pas que cet ouvrage ne soit impie & ridicule; puisque Mahomet en qualité d'homme corrompu, conduit par son imagination, prenoit de fausses lueurs, de pures illusions pour la lumiere de verité: au lieu que les Anges unis de la maniere la plus pure à la sagesse éternelle, & contemplant sans distraction l'ordre immuable des perfections divines, ne peuvent rien faire sous une direction si sure & si parfaite, que de bien, que de divin. On découvre, si je ne me trompe, par ce principe, que Dieu sçait executer ses desseins aussi heureusement par des causes libres, que par des causes necessaires, qu'il a une puissance toute puissante de remuër les cœurs & de les porter où il luy plait, qu'enfin il a une facilité toute puissante de faire ce qu'il veut des volontez libres, des Anges & des hommes.

Dem. Comment les Anges connoissent-ils les dispositions, le genie & les mœurs de ceux qui sont sous leur conduite?

Resp. C'est ce que je ne sçai point. Il est certain qu'ils nous connoissent. Car pour conduire, il faut connoître ceux dont on a la conduite. Mais la lumiere qu'ils contemplent & où ils decouvrent ce qu'ils ont à faire ne les instruit point à cet égard. Ces dispositions estant choses contingentes, il faut qu'elles leur soient revelées. Comment cette revelation se fait & selon qu'elles loix, c'est dis-je ce que je ne sçay pas. Je ne pourrois vous dire comment on sçait que tel fruit est bon ou mauvais si je n'en avois l'experience. Dieu peut instruire les esprits en une infinité de manieres que nous ne sçaurions prevoir.

Dem. Les Anges ont ils connu ce qu'ils ont eu à faire autrefois par raport à la personne de Jesus-Christ, comme ils le sçavent par raport à nous.

Resp. Les Anges sont des intelligences bornées. Ils ne pouvoient donc prevoir par eux mêmes aucun des evenemens qui devoient concourir dans un Mystere qui est le plus grand effet de la sagesse & de la puissance de Dieu. Il faloit que les Anges sentissent en toutes les manieres possibles qu'ils estoient les serviteurs de JESUS-CHRIST, créez uniquement pour travailler sous ses ordres & à l'établissement de son empire. Il faloit donc que dans tout ce qui regardoit la personne de JESUS-CHRIST, ils ne fissent rien que par des commandemens exprez & des inspirations particulieres.

CHAPITRE XXIV.

Economie de la Religion. Les raports de ses misteres entr'eux & à nôtre état.

Dem. Pourquoi Dieu a-t-il fait l'homme ?

Resp. Parce que l'homme est meilleur que le neant.

Dem. Les hommes ne pouvant connoître & aimer que Dieu, comment peuvent-ils l'offenser ?

Resp. Il y a bien de la difference entre connoître & aimer Dieu par l'impression continuelle qu'il fait en nous ; & le connoître & l'aimer par le choix libre de la volonté. Tous le connoissent & l'aiment necessairement en la premiere maniere : mais peu de personnes le connoissent & l'aiment en la seconde. Ce qui fait que bien que le mouvement naturel de leur amour ne puisse tendre que vers Dieu, ils s'arrêtent neanmoins aux creatures en ne consentant à ce même mouvement qui les emporte toûjours, qu'autant qu'il faut pour s'unir aux objets sensibles.

Dem. Comment Dieu peut-il être offensé du choix d'une creature ?

Resp. Quand au lieu de nous avancer toûjours vers Dieu, nous nous atachons aux corps, nous resistons à l'action de Dieu en nous, nous la bornons autant qu'il est en nôtre pouvoir. Voilà une étrange stupidité. Mais de plus, nous agissons contre l'ordre suivant lequel Dieu aime les êtres, nous luy preferons des corps. Voilà un étrange dereglement. Enfin nous nous atachons au plaisir & non pas à la cause qui le produit. Voilà certainement l'excez de l'ingratitude & de l'infidelité. Dieu pourtant n'en est ni moins heureux, ni moins parfait ; mais c'est parce qu'il est toûjours parfait qu'il haït toûjours le desordre.

Dem. Cela étant, pourquoy a-t-il laissé tomber le premier homme ?

Resp. C'est que s'il l'en eût empéché, il eut paru mettre sa complaisance dans la creature & atendre d'elle quelque honneur. Ce qui ne convenoit pas à Dieu.

Dem. Comment un Dieu de misericorde & de clemence n'a-t-il pas pardonné à l'homme sur le champ ?

Resp. Il ne faut pas separer en Dieu la clemence de la justice, il faut plutôt tâcher à concilier l'une avec l'autre. Dieu nous laisse vivre aprés le péché : pour se satisfaire il se prepare une victime digne de sa grandeur & de tous ses attributs : elle reçoit le coup qui devoit nous rendre éternellement malheureux. Voilà ce que Dieu se doit à luy-même, & en même tems la manifestation de sa clemence.

Dem. Dieu ne pouvoit-il pas se

La Métaphysique. 349

faire satisfaire par une simple creature ?

Resp. Concevez-vous que Dieu puisse transporter à la creature l'honneur qui n'est dû qu'à luy. C'est cependant ce qu'il eut fait, s'il ne nous eût donné qu'une créature pour nous reconcilier. Nous eussions dû toutes choses à cette creature, nous eussions esté ses esclaves. Car il est évident que nous apartenons à celuy qui nous delivre.

Dem. JESUS-CHRIST estant le sanctificateur du monde & le terme de toutes ses creatures, pourquoy n'a-t-il paru dans le monde que quatre mille ans aprés la création ?

Resp. Ne sçavez-vous pas que quatre mille ans, tout longs qu'ils sont par raport à nous, ne sont qu'un instant par raport à Dieu ? Les circonstances qui selon l'ordre de la Providence devoient accompagner la naissance de nôtre Reparateur, ne pouvoient concourir qu'aprés un certain nombre d'années. Il falloit donc qu'elle fût differée ju'ques là. Mais aprés tout, le monde n'a rien perdu par ce delay. Defiguré qu'il estoit par le desortre de ses habitans, il a eû en recompense des traits capables d'en detourner l'opprobre. Dieu dans la creation arrangea de telle sorte les parties de la matiere, que pendant que ce monde portoit de toutes parts des marques sensibles de la vengeance divine, il y avoit des representations de l'homme Dieu qui n'estoient pas moins sensibles. Les plantes, les insectes, tous les corps organisez, representent sa vie laborieuse, sa mort, sa Resurrection, tous les états où son divin corps s'est trouvé; & afin que les dispositions de son ame sainte nous fussent aussi representées, on a vû dans tous les temps des personnages dont la vie a esté une expression continuelle de sa patience, de son humilité, de sa douceur, de sa charité, de son atachement à la volonté de son Pere.

Dem. N'y a-t-il point eu encore d'autres raisons du delay de la naissance du Sauveur?

Resp. Il falloit qu'il fût desiré. Et ce fut là le fondement de la vocation d'Abraham & de toutes ses suites, de la Loy donnée aux Juifs, de son

Sacerdoce & de ses Propheties.

Dem. Pourquoy donc la Loy ne promettoit-elle que des biens temporels?

Resp. Elle ne promettoit pas autre chose aux Juifs charnels, attachez à la lettre : mais c'estoit cela même qui faisoit que les Juifs, selon l'Esprit, soûpiroient aprés le Messie. Connoissant que ces sortes de biens n'estoient pas une recompense digne d'un esprit soumis à la Loy éternelle, puis qu'ils se terminoient au Corps, ils estoient portez continuellement à en demander d'autres; & par consequent à desirer le Messie, par qui seul ils pouvoient les obtenir. Mais de plus, à la veuë du repentir que Dieu marquoit d'avoir fait l'homme, & du mepris qu'il temoignoit si souvent avoir pour le sang des animaux, quoy qu'il eût ordonné qu'on luy en fit des sacrifices, qui pouvoit ne pas comprendre qu'il envisageoit un autre objet, une autre victime, & un autre sacrificateur, qu'il ne se repentiroit point d'avoir establi Roy sur toutes les nations du monde, comme il nous en assure luy même avec serment ? Et selon cette idée qui pou.oit ne pas desirer la presence visible de ce souverain Prêtre des biens celestes ? Ainsi, JESUS-CHRIST a esté reconnu dans tous les siecles par les hommes & par les Anges, il a esté representé dans tous les tems par les corps & par les esprits. Le monde par consequent n'a point esté sans luy, & il a toûjours fait tout le merite des creatures.

Dem. Pourquoy ceux que la naissance de ce Reparateur regardoit particulierement estoient - ils comme abimez dans les tenebres ?

Resp. C'est qu'il estoit à propos que la misericorde eclatât infiniment. Mais si nous n'avions nulle connoissance des grands biens qui nous estoient reservez, les Anges les connoissoient. Eux qui voyent sans obscurité les plus profonds mysteres & à qui Dieu decouvre l'avenir, ils s'occupoient de nôtre bonheur & de nôtre gloire, pendant que nous nous attachions à la terre : ils s'en occupoient, dis-je, & ils n'attendoient que le moment de nous declarer l'un & l'autre. Vous sçavez dans quels transports, & avec qu'elle melodie ils anoncerent aux Pasteurs ce qui venoit de se passer en Bethléem. C'étoit pour nous qu'ils s'addressoient à ces Pasteurs ; pour nous qui estions dans l'ombre de la mort & sous la loy du Prince des tenebres.

Dem. Que trouvez-vous de plus admirable dans l'Incarnation du Sauveur ?

Resp. C'est que ce mistere est la preuve de tous les autres. Il suppose un Dieu envoyé pour éclairer les hommes & par consequent pluralité de personnes en Dieu. Car n'y ayant qu'un Dieu, où seroit *l'envoyant* s'il n'y avoit qu'une personne ? Et s'il est vray qu'on ne peut satisfaire à soi-même, quelle seroit la satisfaction que cette personne viendroit faire ?

Dem. Cependant les trois Personnes ayant esté également offensées, n'a-t-il pas fallu que le Verbe incarné ait satisfait à luy-même ?

Resp. C'est la nature divine qui a esté offensée directement, & dans ses attributs essentiels, c'est Dieu comme bon, sage & puissant, qui a esté offensé, & non pas comme engendré du Pere, ou en procedant du Pere & du Fils.

Dem. Mais peut on offenser les attributs essentiels sans offenser les personels ?

Resp. En offensant directement les uns, on offense indirectement les autres : aussi est-il satisfait indirectement aux attributs personels : mais il ne s'agit icy que de la satisfaction directe. Je dis même que le Verbe, entant que Verbe, n'a pû être mecontant de nôtre nature, parce que s'il l'a trouvée criminelle en nous, elle a toûjours esté pure & innocente en luy. Par elle il a satisfait, & par luy la satisfaction est divine. Voicy donc nôtre Religion. Nous sommes corrompus, & nous devons rentrer dans les voyes de la verité & de la justice. On nous propose un Dieu qui est l'auteur de nôtre être, un Dieu qui satisfait pour nous, un Dieu qui change nos cœurs par l'infusion de son amour. Ce sont trois Ouvrages qui nous regardent également ; & qui sont de nature, que dans l'unité de Dieu ils suposent trois personnes distinctes. Ainsi, le mystere de l'Incarnation exprime celui de la Trinité comme son principe.

Dem. N'y-a-t-il point de contradiction dans ces mysteres. Trois ne sont qu'un. Un Dieu est Homme, & cet Homme est Dieu ?

Resp. Prenez garde. On ne vous dit pas qu'il y ait un Dieu qui en soit trois, mais qu'il y a un Dieu qui renferme trois Personnes dans l'unité de sa substance. On ne nous dit pas qu'il y ait deux natures, qui sans être confonduës, n'en soient qu'une ; mais qu'il y a deux natures dans une seule Personne, en JESUS-CHRIST, & & que l'unité de supôt rend propre à l'homme ce qui est de Dieu, & à Dieu ce qui est de l'homme. Son humanité est unie à une nature qui renferme trois Personnes, lesquelles agissent également en lui, & pourtant il n'a peut *hypostase* que la Personne du Verbe. Cela ne se comprend pas : aussi ne doit-il pas être compris par des natures limitées : mais cela ne se contredit pas.

Dem. Quelle proportion trouvez-vous entre les attributs divins, & la foy qui nous propose la manducation réelle du Corps de Jesus-Christ?

Resp. Cette manducation réelle nous avertit que le Verbe Eternel est réellement nôtre vie & nôtre nourriture: ce qui nous porte à ne chercher que luy, à ne vouloir nous unir qu'à luy: en quoi consiste toute la Religion.

Dem. Quelle proportion a le Mystere de la Resurrection generale avec celuy de l'Incarnation?

Resp. Jesus-Christ est né foible & infirme parmi les hommes, il est juste qu'il se montre à ces mêmes hommes dans sa gloire & dans sa puissance: il a promis à ceux qui marcheroient sur ses traces une transformation glorieuse, il faut pour confondre les incredules, qu'ils la reçoivent par la Resurrection, qui au fond n'a rien de plus impenetrable que les nouvelles formations que nous voyons de nos yeux. Disons encore que tous les mysteres par lesquels nous recevons la justice, sont des especes d'Incarnation, ou ne font que l'Incarnation continuée : en tous c'est JESUS-CHRIST qui cache la grace, ou qui se cache luy-même sous les apparences sensibles, toujours s'accommodant à nôtre état, toujours unissant la nature à la grace. Ainsi, sans JESUS-CHRIST, point d'intelligence dans les hommes, point de connoissance de la verité, point de justice. Par JESUS-CHRIST au contraire, lumiere & verité, union parfaite de la Terre & du Ciel.

Dem. S'il n'y a point de proportion entre l'Ouvrage de Dieu & l'action qui le produit, en trouvez-vous davantage entre l'humanité de Jesus, & le Verbe qui s'unit à elle ?

Resp. Quand on considere les deux substances, le Corps & l'Esprit, séparées du Verbe, on ne voit point de proportion entre elles & luy : mais le Verbe y en met au moment qu'il s'unit à ces substances, parce qu'alors il communique à la nature humaine ses attributs, & qu'il s'appropie les foiblesses de cette nature. Or une bonne preuve que la foy en cela ne nous trompe point, c'est que ce monde est fait, & que la sanctification dont il a besoin pour être digne de son Auteur, ne se peut concevoir sans l'union qui nous est marquée.

Dem. En quel sens cette union sanctifie-t-elle toute la nature ?

Resp. En ce sens que tous les corps se rapportent aux Esprits qui doivent composer par Jesus-Christ une societé digne de Dieu.

Dem. D'où vient que de tant d'Esprits sanctifiez il y en a si peu qui soient Saints ?

Resp. C'est que tous ne sont pas regénérez. Vous verrez dans la Morale ce que c'est que cette regénération, & pourquoi il y en a si peu qui la reçoivent.

Dem. Mais d'où vient que les Juifs nous furent préférez, & qu'en suite nous avons esté préférez aux Juifs ?

Resp. C'est que les Juifs descendoient de celuy d'où le Sanctificateur luy-même devoit descendre. Par cette raison il étoit à propos qu'ils fussent distinguez des autres nations:

& ils ne le pouvoient être plus sensiblement que par une Loy extérieure, & par de recompenses, ou des peines visibles, attachées à l'observation ou à l'infraction de cette Loy. Pour la préférence que nous avons euë à nôtre tour, elle est fondée uniquement sur la nature de l'Ouvrage que Dieu opéroit en donnant son Fils au monde. Comme c'étoit un Ouvrage de pure misericorde, il ne faloit pas s'en aprocher avec un cœur rempli de l'opinion de son propre merite. Les Juifs jugeoient que tout leur étoit dû pour l'observation extérieure de leur Loy, ils avoient oublié leur corruption. Nos ancêtres les Gentils tout corrompus & aveuglez qu'ils étoient n'avoient nul sentiment d'orgueil par rapport au Messie dont ils n'avoient point oüi parler. Les Gentils sont appellez, & les Juifs sont reprouvez. Les Gentils pourtant ne méritoient rien ; mais heureusement pour eux ils ne mettoient pas aux desseins de Dieu l'opposition qu'y mettoient les Juifs. Un peu d'attention vous fera connoître, que ce qui paroît de plus étrange dans la conduite de Dieu, est ce qui en prouve la sainteté, & ce qui nous assure qu'il n'y a point en luy acception de personnes, mais que tous sont également apellez à l'heritage céleste. Toutes les difficultez que vous pourrez avoir sur ces matieres s'éclairciront dans la suite.

CHAPITRE XXV.

Sommaire des matieres précédentes.

Dem. COmment accordez-vous vôtre Métaphysique avec ce que la foy nous apprend d'une vie future ?

Resp. L'ame n'est capable que de sentimens & de pensées, proprietez toutes differentes de celles de l'étenduë qui n'est capable que de mouvemens & de figures. Donc l'Ame n'est point divisible ; & par consequent elle ne se peut corrompre comme le corps. Sa vie est sa pensée, & elle ne peut non plus cesser de penser, que la matiere d'être étenduë.

Dem. Ne

Dem. Ne peut-elle pas se dissiper comme une vapeur, & cesser ainsi d'être & de penser?

Resp. On conçoit aisément qu'une liqueur s'évapore, parce que c'est de la matière, dont les parties peuvent se séparer : mais on ne le conçoit pas mieux d'une intelligence, qu'on ne conçoit que la matière puisse penser. De plus, cette liqueur qui s'évapore ne se perd point : ou si elle cesse d'être liqueur, il n'y a pas une de ses parties qui ne se conserve quelque part qu'elle soit emportée. Les modifications, les figures, & les arrangemens des parties de la matière se détruisent, mais nulle de ses parties ne se perd, elle se trouve toujours sous la même quantité ; & pour ainsi dire, sous le même nombre de parties.

Dem. D'où sçavez-vous que nulle partie de la matière ne se perd?

Resp. C'est que naturellement le passage de l'Etre au neant n'est pas moins impossible, que du neant à l'Etre. On voit assez que l'Etre & le néant sont deux termes qui ne se peuvent joindre.

Dem. Mais Dieu qui a créé librement les Ames ne peut-il pas les aneantir?

Resp. Il a pû les faire passer du neant à l'Etre : il avoit en cela une fin digne de lui, mais sa sagesse ne souffre pas qu'il les fasse passer de l'Etre au neant : il n'y a rien de bon ny d'aimable dans le neant, il ne peut être la fin d'un Etre infiniment sage. Nous voyons que Dieu conserve toujours toute la matiere, & que quelques changemens qui arrivent à la nature corporelle, elle demeure toujours dans son entier. On ne peut donc pas raisonnablement penser qu'il aneantisse les Ames. Leurs modifications présentes seront détruites, mais leur substance subsistera toujours : elle perdra une modification pour en recevoir une autre. C'est ce me semble ne rien perdre.

Dem. Pourquoy donc détruire les ames des animaux?

Resp. Souvenez-vous que les animaux ne sont que des corps organifez; & que détruire leur ame n'eſt autre choſe que de ceſſer de moūvoir cet arrangement de parties que nous voyons : ce qui arrive toūjours quand les organes ſe détruiſent. L'ame des animaux eſt dans le ſang, & dans les liens & les reſſorts qui réglent le cours du ſang, & de leurs autres humeurs par une infinité de differens canaux. On ne doit pas faire de comparaiſon d'eux à nous.

Dem. N'eſt-il pas vray cependant que l'ame ne reçoit ny perception ny ſentiment qu'autant que le cerveau eſt ébranlé?

Reſp. Il eſt vray qu'afin qu'elle ait des perceptions dans cette vie, il eſt neceſſaire que l'action des objets ſur ſon corps, ou les mouvemens qui s'y paſſent ſans ces objets, ſe tranſmettent comme nous avons vû, juſqu'à l'endroit du cerveau où aboutiſſent tous les nerfs: c'eſt l'inſtitution de la nature; mais inſtitution arbitraire, & qui peut changer quand il plaira à celuy qui l'a réglée. La puiſſance qui agit dans l'ame n'en dépend point, & comme vôtre ame est toujours unie à cette puissance; elle en peut toujours être affectée, toujours modifiée, soit qu'elle ait raport actuellement à ce corps organisé, soit qu'elle cesse d'y avoir raport. Car vous vous souvenez bien, qu'il a esté prouvé que l'ame n'habite point dans le corps, mais qu'elle a seulement des sentimens & des pensées par raport au corps; & que son habitation est dans la lumiere d'où elle tire toutes ses idées.

Dem. Mon ame n'est-elle pas, par exemple, où elle sent de la douleur?

Resp. Prenez-garde au préjugé. Vôtre ame est où elle sent de la douleur, mais elle est aussi où elle voit des couleurs, où elle sent des odeurs, où elle entend des concerts : car la couleur, le son, l'odeur ne luy apartiennent pas moins que la douleur: ce sont ses modalitez; & elle est véritablement où elle les reçoit : mais puis qu'elle ne les reçoit point des corps, elle ne se trouve point parmi les corps, & on ne la peut chercher ailleurs que dans la puissance même qui agit actuellement en elle.

Dem. Ne sentons-nous pas que la douleur nous apartient beaucoup plus que la couleur ?

Resp. Vous le sentez, parce que la douleur vous touche & vous affecte beaucoup plus vivement que la couleur ; mais puisque vous sçavez que l'une & l'autre sont des modifications de vôtre ame, il est clair qu'elles vous apartiennent également, & que vous auriez autant de raison de vous croire dans cette écarlate que vous regardez, que dans la partie où vous sentez de la douleur.

Dem. Quand mon ame a des sentimens par rapport à ce corps, est-ce la lumiere où elle habite qui les luy donne ?

Resp. Vous avez vû que cette lumiere est Dieu même. Or Dieu renferme les perfections de tous les êtres, celles des corps comme celles des Esprits. Vous devez donc concevoir dans cette même lumiere l'idée de l'étenduë, cette étenduë ideale dont je vous ay tant parlé. Quand vous contemplez les veritez des mœurs,

& que vous découvrez la Loy de justice, la lumiere agit sur vôtre ame entant que lumiere & raison. Quand vous sentez de la douleur ou du plaisir, la même puissance agit sur vôtre ame, mais entant qu'étenduë idéale.

Dem. Mais d'où vient que mon ame raporte toutes ses modifications à un corps d'une certaine grandeur, qu'elle se croit jointe à ce corps, & mêmes non distinguée de ce corps?

Resp. C'est que l'étenduë idéale à laquelle elle est unie l'affecte selon la quantité, & les autres modalitez de ce même corps; & qu'il est naturel, que vôtre ame regarde comme sien le corps, par lequel elle reçoit les perceptions qu'elle a de tous les autres. Ainsi, l'homme sensible qui frape nos yeux suppose nécessairement un homme intelligible qui est celuy que nous voyons par l'union de nos ames à ce qui represente tous les corps. Remarquez bien cecy. Toutes nos ames sont unies immédiatement à l'étenduë idéale; & chacune d'elle en reçoit comme un corps particulier par les impressions qu'elle en reçoit toujours proportionnées à la quantité, à la figure, à toutes les modalitez de tel corps composé d'os, de chair & d'humeurs. Le corps auquel l'ame est veritablement unie, est donc un corps tout ideal, un corps immüable, d'où elle ne peut être separée, un corps autant audessus d'elle, que celuy qu'elle gouverne icy-bas, ou par qui elle se laisse gouverner est au dessous, en un mot un corps qui la rend heureuse ou malheureuse par les impressions qu'il fait sur elle. Vous n'auriez pas crû avoir un corps incorruptible, immortel, plus noble que vôtre ame, qu'elle ne quittera point, & qui agira toujours en elle. C'est pourtant ce qui ne vous peut être contesté ; mais c'est aussi ce qui doit vous faire estimer peu celuy qui se promene dans ces espaces materiels, & qui va bientôt se corrompre.

Dem. Retracez-moy, je vous prie, les principes d'où dépend cette Doctrine ?

Resp. Les Esprits & les Corps ont de proprietez differentes. Les

Esprits ne peuvent pas habiter dans des espaces. Les corps ne peuvent pas agir sur eux. Dieu seul au est dessus des Eprits. Ils habitent donc en Dieu : ils ne sont donc unis qu'à Dieu : ils ne reçoivent donc que de Dieu toutes leurs perceptions, tout ce qu'ils sentent de bien ou de mal. En effet l'expérience aprend à chacun de nous, que son ame est toujours au milieu de ses idées dont le fond est inépuisable ; & comme ces mêmes idées donnent à l'ame toute la perfection dont elle capable, on est obligé d'en conclure qu'elles ne sont autre chose que la substance même qui seule est au dessus des Esprits.

Dem. Mais comment l'ame habite-t-elle dans cette substance, comment Dieu agit-il en elle sous de si differentes qualitez ?

Resp. Vous me dispenserez, s'il vous plait, de vous dire *comment*. J'ay l'esprit trop petit pour vous expliquer les manieres de l'infini ; & je ne connois pas assez mon ame pour sçavoir comment elle luy est unie, & comment elle en reçoit tant de différentes idées : il suffit qu'en raisonnant conséquemment nous nous assurions du fait. Si l'on admet les principes, il faut admettre les conséquences. Il n'y a pas à reculer. Mais quelles conséquences peuvent être plus consolantes pour nous, & mieux prouver la grandeur & la sainteté de nôtre Religion ?

Dem. Si l'ame n'habite qu'en Dieu, en quel sens dit-on qu'après la mort elle a pour partage le Paradis ou l'Enfer ?

Resp. En ce sens, que la lumiere où elle habite, & où la Loy de justice est écrite agit sur elle & la désespere, ou la comble de félicité selon ses bonnes ou mauvaises œuvres.

Dem. N'y a-t-il rien de particulier qui détermine l'efficace de cette lumiere ?

Resp. Il est certain que ceux qui vivent dans le desordre sont sujets à des remords qui souvent les dégoûtent de la vie : c'est d'une part le sentiment intérieur qu'ils ont de leur déréglement, & de l'autre la Loy éternelle toujours presente à l'Esprit, qui les agite & les maltraite. Les justes au contraire sont toujours contens par le bon témoignage de leur conscience, & par la Loy qui les approuve. Une ame impie séparée de son corps se retrouve toujours elle-même : & elle est d'autant plus maltraitée de la Loy qui la penetre, qu'elle sent alors plus distinctement tout ce qu'elle est. C'est là, si je ne me trompe, ce ver auquel l'Ecriture nous dit que les impies sont condamnez & qui ne doit point mourir. Le sentiment continuel qu'ils ont de leurs desordres détermine continuellement la Loy souveraine à les punir.

Dem. N'y a-t-il pas des lieux, des espaces materiels qu'on appelle le Paradis & l'Enfer ?

Resp. Ouy sans doute : mais les ames n'habitent pas dans ces lieux. Les modalitez qu'y reçoit la matiere sont seulement occasion à Dieu, de produire dans les ames de la douleur ou du plaisir.

Dem. L'ame aprés la mort seroit-elle unie à ces lieux comme elle l'est à son corps durant la vie ?

Resp. Point du tout. Une ame juste n'est unie qu'à l'objet dont l'action la rend heureuse : elle ne veut s'unir qu'à cet objet : elle n'a point égard à ce qui est une nouvelle occasion de ses plaisirs, elle ne regarde que la main qui les produit. Pour les ames adultéres, elles sont de nouveau assujeties, & non pas unies à une étrange portion de matiere. Je dis *non pas unies*, parce que dans l'union l'assujetissement n'est pas entier. L'ecriture nous apprend qu'elles sont dans un feu : c'est qu'un corps de sa nature toujours en mouvement doit être employé plutôt qu'un autre, à tourmenter des ames qui ne doivent jamais avoir de repos.

Dem. Est-ce toujours la Raison ou la Loy des intelligences qui agit sur elles à l'occasion du feu, ou des magnificences que saint Jean nous décrit dans l'Apocalypse ?

Resp. Elles n'ont pas d'autre juge : mais à cette occasion la Raison agit sur elles comme idée de l'étendue : elles sont toujours soumises à cette idée qui étant en Dieu ou Dieu même entant qu'Archétype des corps a toujours la puissance d'agir en elles.

Dem. Et nos corps où seront-ils aprés la Resurrection ?

Resp. Ils seront où ils sont à present en Dieu aussi bien que les ames, mais en Dieu comme immense, & pénétrant toute la matiere ; & non pas en Dieu comme Raison. Car Dieu entant que Raison ne contient que les intelligences. Je vous dirois que nos corps seront en Paradis ou en Enfer, si ce n'est que ces lieux sont eux-mêmes dans l'immensité de Dieu, & que la matiere étant impénétrable toutes ses parties peuvent bien s'environner les unes les autres, comme en effet elles s'environnent, mais non pas être les unes dans les autres. Cependant aprés cette précaution croiez que nos corps seront en Paradis ou en Enfer, d'où les ames par l'union qu'elles auront de nouveau avec eux, ou par leur assujetissement tireront de nouveaux supplices ou des plaisirs qui passent tout ce que nous en pouvons penser.

Dem. Quelle sera la fin principale de la réünion de nos ames à nos corps ?

Resp. C'est la societé que nous devons former pour l'éternité avec Jesus-Christ. L'humanité sainte de Jesus-Christ qui regne dans les Cieux, demande que ses membres luy soient unis aussi bien par le corps que par l'esprit, pour former avec luy un même chœur de loüanges & d'allegresses.

Dem. Peut-on sçavoir aussi quelles seront les loix de l'union de l'ame & du corps dans ce monde nouveau ?

Resp. Pour moy, j'avouë que je ne le sçay pas. Je sçay seulement que tout ce qui se passera dans les corps & dans les esprits contribuera à la félicité commune. Il ne s'agira plus ny de boire ny de manger, ny de propagation de l'espéce : il n'y aura plus d'accidens à éviter, ny d'interêt à chercher ou à défendre. Ainsi, les loix de l'union des ames avec les corps seront telles que les corps brilleront par eux-mêmes, qu'ils seront transportez en un instant par tout où sera le corps de Jesus-Christ, que tous les autres corps environnans cederont comme s'ils n'avoient nulle solidité; & que les ames gouteront toujours de nouveaux plaisirs. C'est la suite naturelle de l'union que nous aurons avec Jesus-Christ. Il a paru tout éclatant aprés sa Resurrection, il paroissoit & disparoissoit comme il vouloit, il se faisoit passage au travers des corps les plus durs & les plus solides. Or nos corps seront reformez sur le modelle de celuy de Jesus-Christ. Donc ils auront des qualitez pareilles à celles de ce divin Corps, & ces corps avec toutes leurs qualitez n'auront point d'autre usage non plus qu'ils ont aujourd'huy, que de servir à Dieu à agir dans les ames d'une maniere constante, immüable, uniforme, digne d'une intelligence qui a tout prevû & comparé.

Dem. Si nos corps sont en Dieu aussi bien que nos ames, ne doit-on pas dire que les corps & les ames sont en même Region?

Resp. Tout est en Dieu, j'en conviens : mais il y a bien de la différence entre être en Dieu entant qu'il est immense, & habiter en Dieu entant qu'il est lumiere & raison. Les corps s'environnent les uns les autres dans l'immensité divine qui pénétre toutes leurs parties ; mais les Esprits dans la Raison ne sont environnez que des idées qui les éclairent, idées qui sont une même substance qui dans sa simplicité se découvre diversement selon les diverses impressions qu'elle fait sur ses habitans. Tout cela vous fait assez comprendre combien l'infini est au dessus de nos intelligences, puisque dans la plus parfaite simplicité il est tout autre chose par raport au corps, que ce qu'il est par raport aux Esprits ; & que par raport aux Esprits il est encore une infinité d'idées de divers genres, immensité, étenduë ideale, idée des nombres dans son unité, Archetype des Esprits, source des Loix, source de tout ce que nous apercevons par l'usage des sens, & l'attention. Mais quelque incomprehensible que soit cet infini nous voyons clairement par là

Philosophie, ce que l'Écriture aprend à tout le monde, que nous sommes en Dieu ; & que nous ne recevons qu'en luy le mouvement & la vie.

Dem. Tout ce qui est en Dieu étant Dieu même, ne pourroit-on point dire que si les corps & les esprits sont en Dieu, ce sont comme des parties de la Divinité ?

Resp. Tout ce qui est nécessairement en Dieu est Dieu même : mais les corps & les esprits ne sont en Dieu, que parce que Dieu a bien voulu créer ces deux sortes de substances. Toutes les idées qui sont en Dieu sont Dieu même : elles n'ont point commencé ; & Dieu n'a pû être sans elles ; c'est d'elles que dépend sa science & sa sagesse, mais ce qui est formé sur ces idées est extérieur à Dieu quoi qu'il soit en Dieu ; & il n'est en Dieu, que, parce que Dieu pénétrant tout, remplissant tout, contenant tout, modifiant tout, ce qu'il crée ne peut pas être ailleurs qu'en luy-même.

Dem. Les ames renfermées dans la substance lumineuse de la Divinité s'y voyent-elles ?

Resp. Elles ne s'y voyent pas pendant qu'elles sont unies à des corps mortels. Vous en avez vû les raisons; mais tous les Esprits purs s'y voyent, non pas à la vérité en se regardant eux-mêmes ou entre eux. Car il n'y a que la substance même du Verbe ou de la Raison, qui soit visible par elle même; mais à la vûë de cette substance même qui découvre à chacun l'archétype qu'elle renferme de tous les Esprits. Cette vûë suffira à vôtre ame par exemple, pour s'assurer de sa propre existence dont elle est déja certaine par le sentiment qu'elle a d'elle même; mais par quelles voyes elle s'assurera de l'existance des autres esprits, dont elle verra l'Archétype, c'est ce que je ne vous diray pas. Dieu a établi pour cela des moyens qu'il ne m'a pas révélez. Vous pourriez me faire sur tout cecy une infinité de questions curieuses; mais je vous conseille plûtôt de lire ce que l'Ecriture nous apprend de la vie future; en la lisant & en nous servant de nos principes, vous trouverez de quoi vous consoler infiniment. Vous y trouverez toujours la Raison éternelle qui vous parlera avec la sagesse incarnée.

Fin de la Métaphysique.

Extrait du Privilege du Roy.

LOUIS PAR LA GRACE DE DIEU, Roy de France & de Navarre; A Nos amez & feaux Conseillers, les Gens tenans nos Cours de Parlement, Grand Conseil, Maître des Requêtes ordinaires de nôtre Hôtel, Baillifs, Senechaux, Prevôts, Juges, leurs Lieutenans & tous autres nos Officiers qu'il appartiendra; SALUT. Nôtre bien amé le Sieur Lelevel nous a fait remontrer qu'il desireroit faire imprimer un Livre qu'il a composé, sous le titre de la *Philosophie Moderne, par Demandes & par Réponses,* s'il nous plaisoit de luy en accorder nos Lettres de Privilege à ce necessaires. A CES CAUSES, Voulant favorablement traiter l'Exposant, Nous luy avons permis & accordé, permettons & accordons par ces Presentes d'imprimer, ou faire imprimer ledit Ouvrage en un ou plusieurs Volumes, en tel volume, marge & caractere, & autant de fois que bon luy semblera, pendant le tems de huit années consecutives, à commencer du jour qu'il sera achevé d'imprimer pour la premiere fois; le faire vendre & debiter par tout nôtre Royaume, & Terres de nôtre obeïssance. Faisons deffenses à tous Libraires, Imprimeurs & autres de l'imprimer, faire imprimer, vendre, ny debiter, sous quelque pretexte que ce soit, même d'impression étrangere, ou autrement, sans le consentement de l'Exposant ou de ses aians cause, à peine de confiscation des Exemplaires contrefaits, & de trois mil livres d'amende, payables sans depôt par chacun des contrevenans, apliquables un tiers à Nous, un tiers à l'Hôtel-Dieu de Paris, & l'autre tiers à l'Exposant, & de tous dépens, dommages & interets, à la charge d'en fournir deux Exemplaires en nôtre Bibliotheque publique, un en celle du Cabinet de livres de nôtre Château du Louvre, & un en celle de nôtre très cher & feal Chevalier le Sieur Boucherat, Chancellier de France, d'en faire faire l'impression dans nôtre Royaume, & non ailleurs, en beau caractere & papier, conformément à nos Reglemens des années 1678. & 1686. & de faire regiſtrer les Preſentes ez Regiſtres de la Communauté des Marchands Libraires de nôtre bonne Ville de Paris, à peine de nullité des Preſentes ; du contenu desquelles vous mandons & enjoignons faire joüir & uſer l'Exposant, ou ceux qui auront droit de luy pleinement & paiſiblement, ceſſant, & faiſant ceſſer tous troubles & empêchemens ; au contraire voulons qu'en mettant au commencement ou à la fin dudit Ouvrage l'Extrait des Preſentes, elles ſoient tenuës pour duëment ſignifiées ; & qu'aux copies collationnées par un de nos Amez & feaux Conſeillers, Secretaire, foy ſoit ajoûtée comme au preſent Original. Commandons au premier nôtre Huiſſier ou Sergent ſur ce requis, faire pour l'execution des Presentes tous exploits, significations, & autres Actes de Justice necessaires, sans demander autre permission : Car tel est nôtre plaisir. Donné à Paris le vingt-neufviéme jour du mois d'Aoust, l'an de grace mil six cent quatre-vingt seize ; & de nôtre Regne le cinquante-quatriéme.

Par le ROY *en son Conseil.*

DUGONO.

Registré sur le Livre des Libraires & Imprimeurs de Paris le 28. Septembre 1696. Ledit Sieur Lelevel sera averty que l'Edit de Sa Majesté du mois d'Aoust 1686. & les Arrests de son Conseil, concernant la Librairie & Imprimerie, ordonnent que le debit des Livres se fera seulement par un Libraire, ou un Imprimeur.

P. Aubouyn, Syndic.

Ledit Sieur LELEVEL a cedé son droit de Privilege au Sieur Guillaume-Louis Colomiez, suivant l'accord fait entr'eux.

Achevé d'imprimer pour la premiere fois, le premier Mars 1698.

www.ingramcontent.com/pod-product-compliance
Lightning Source LLC
Chambersburg PA
CBHW052037230426
43671CB00011B/1689